파울루 프레이리,
브라질 교육의 영원한 지지자

PAULO FREIRE - PATRON OF BRAZILIAN EDUCATION

Copyright ©by Villa das Letras

TEACHERS AS CULTURAL WORKERS

PAULO FREIRE – PATRON OF BRAZILIAN EDUCATION
All rights reserved

Korean translation copyright © 2020 by AUTRE LAB

Korean translation rights arranged with VILLA DAS LETRAS ADMINISTRAÇÃO DE BENS PATRIMONIAL LTDA.

through EYA (Eric Yang Agency)

※ Garth Lab is an Imprint of AUTRE LAB.

이 책의 한국어판 저작권은 EYA (Eric Yang Agency)를 통한
VILLA DAS LETRAS ADMINISTRAÇÃO DE BENS PATRIMONIAL LTDA. 사와의 독점계약으로 오트르랩이 소유합니다.

저작권법에 의하여 한국 내에서 보호를 받는 저작물이므로 무단전재 및 복제를 금합니다.

프레이리의 교사론

초판 1쇄 발행 2020년 06월 27일
    3쇄 발행 2024년 03월 25일
지은이 파울루 프레이리
옮긴이 김한별

펴낸곳 오트르랩
펴낸이 한아정

출판등록 2016년 2월 26일 제2020-0000148호
홈페이지 www.autrelab.com
전화 050-5355-0208
팩스 02-6499-0208
이메일 info@autrelab.com

ISBN 979-11-89472-16-0 03370

• 이 책 내용의 전부 또는 일부를 이용하려면 반드시 출판사의 동의를 받아야 합니다.
• 잘못 만들어진 책은 구입하신 곳에서 교환해 드립니다.
• 책값은 뒤표지에 표시되어 있습니다.

파울루 프레이리 지음
김한별 옮김

프레이리의 교사론

기꺼이 가르치려는 이들에게 보내는 편지
Teachers as Cultural Workers: Letters to Those Who Dare Teach

오트르 랩
AUTRE LAB.

※ 일러두기

- 본 역서에서는 프레이리의 주석과 역자의 주석을 표식을 달리하여 각 페이지 하단에 각주로 제시하였다.
- 본 역서의 저본은 영문판이며 저자의 조어(造語) 또는 주요 개념어는 번역어에 영문을 병기하였다.
- 인명과 지명은 국내에서 관용적으로 쓰이는 표현이 있는 경우 해당 표현으로 표기하였고 그 외 경우는 원어 발음에 가깝게 표기하면서 원어 또는 영어 표기를 병기하였다.
- 도서 등의 저작물은 국역본이 있는 경우 번역서의 제호와 역자를 각주에 명시하였고 국역본이 없는 경우에는 원어 또는 영어 제호와 번역문을 병기하였다.

목차

시작하는 글	교육 앞에 놓여 있는 함정들	7
첫 번째 편지	세계 읽기 그리고 글 읽기	41
두 번째 편지	어려움을 두려워하며 무력해지지 맙시다	61
세 번째 편지	다른 선택지가 없어 교사연수에 참여한다는 것	77
네 번째 편지	보다 나은 진보적 교사가 되는 데 필요한 자질들	91
다섯 번째 편지	교사 첫날	109
여섯 번째 편지	교육자와 학습자의 관계	125
일곱 번째 편지	학습자를 향해 말하는 존재에서 학습자와 더불어 말하는 존재가 되기까지	143
여덟 번째 편지	문화 정체성과 교육	157
아홉 번째 편지	이론적 맥락 그리고 삶의 구체적 맥락	173
열 번째 편지	다시, 규율의 문제에 대하여	199
맺는 글	안다는 것 그리고 성장한다는 것	211
역자 후기		221

시작하는 글

교육 앞에 놓여 있는 함정들

저는 이제 막 『희망의 페다고지』•를 서점에 내놓기 이전에 마지막으로 살펴볼 수 있는 최종 교정쇄 검토를 마쳤습니다. 『희망의 페다고지』는 애초 포르투갈어로 써서 1992년 12월에 파즈 에 테라(Paz e Terra) 출판사가 출판했던 것입니다.

누구든 책을 만들다 보면 종종 있는 일일 테지만 처음부터 그 책 제목을 "희망의 페다고지"라 지으려고 계획했던 것은 아니었습니다. 글을 쓰는 도중에 글 쓰는 이의 생각이 점차 형성되어 가는 그 역동적(dynanic) 과정에 대해서 그 책의 북미판 편집을 맡았던 워너 린츠(Werner Linz)를 비롯한 동료들과 이야기를 나눈 적이 있는데 그때 그 책 제목에 관한 단서를 얻었습니다. 그 책은 전작 『억압받는 이들과

• 도서의 원제는 *Pedagogy of Hope: Reliving Pedagogy of the Oppressed*로 국내에 강성훈, 문혜림 역(2020), 『희망의 페다고지』(서울: 오트르랩)로 출간되어 있다.

페다고지』*에 서술해 두었던 핵심 주제들에 대해 다시금 생각하던 중에 생각의 단초를 잡아 집필하게 된 것이었습니다.

글을 쓰는 일은 보다 중요한 어떤 활동에 후행하는 기계적 작업이 아닙니다. '보다 중요한 어떤 활동'이라 하면 특정한 글쓰기 대상에 대해 체계적이고 논리적으로 생각하는 활동이라든가 대상에 대해 생각의 깊이를 더해 가는 과정, 그리고 대상의 존재 이유로 인해 필연적으로 이끌어지는 어떤 과정 같은 것들일 텐데 글을 쓰는 사람은 이런 활동을 통해 글쓰기 대상에 대해 보다 깊이 알게 됩니다. 글을 쓰는 이는 대상에 대해 보다 깊이 알게 된 바로 그 시점부터 기계적으로 집필을 시작하게 되는 것일까요? 아닙니다. 글쓰기란 그런 식으로 전개되는 활동이 아닙니다. 생각과 행동과 쓰기, 읽기, 사고, 언어, 그리고 현실의 관련성에 대해 쓰고 있는 바로 이 순간에도 저는 이 다양한 요소들이 강하게 결속되어 있음을 체험하고 있습니다. 이 순간을 쪼개어 구분하는 건 불가능한 일입니다.

글을 쓰는 일이 기계적 작업이 아니라는 말은 글쓰기가 자동적인 작업이라는 말이 아닙니다. 그 말의 의미는 이렇습니다. 어떤 대상에 대해 생각할 때에는 글쓰기가 이어질 가능성에 대해 의식적으로 혹은 명시적으로 인지하고 있으며 글을 쓸 때에는 이전에 이미 생각했던 것에 대해 계속 생각하거나 다시금 생각하게 된다는 것입니다.

그러니 비문해는, 즉 문자해득이 이루어지지 않았다는 것은 읽고 쓰는 일이 금지됨으로써 누군가가 세상에 대해 읽고 적어 볼 가능성을 상실한 것이며 나아가 그 과정을 통해 알게 되는 바에 대해 재차 생각할 기회 또한 놓치게 된 것을 의미합니다. 읽고 쓰는 능력으로부터의 배제가 야기하는 의식과 표현의 질식은 비문해가 개인에게 자행하는 폭력 중 하나입니다.

　비문해가 언어, 사고, 현실 간의 사회적 관계 자체를 없애는 것은 아닙니다만 시민이 시민성을, 즉 시민으로서의 자질을 온전히 획득하고자 하는 데에 장애물로 작용하는 일종의 핸디캡인 것만은 분명합니다.

　문해 사회는 비문해자로 하여금 언어, 사고, 현실의 순환에 들어갈 수 없게 막고, 그 순환 속 관계를 이해하는 데 필수적 수단인 글쓰기에 접근하는 문을 닫아 버림으로써 비문해자를 차단합니다. 그만큼 비문해는 큰 핸디캡입니다. 언어와 사고와 현실이 역동적으로 움직이며 이 역동이 더 큰 창조적 능력 혹은 가능성을 만들어 나간다는 점에 대해 생각해 봅시다. 이 역동적 움직임에 대한 경험이 많을수록 개인은 더욱 비판적 주체(critical subjects)가 되며 알고 가르치고 배우고 읽고 쓰고 나아가 탐구하는 일련의 과정에 더욱 참여하게 됩니다.

　마지막 과정인 탐구(studying)는 깊이 있는 읽기를 통해 언어와 사고와 현실 간의 연계를 세우는 일을 포함합니다. 제 경험에 대해 재차 이야기하게 됩니다만 글쓰기는 제가 줄 없는 백지와 좋아하는 펜을 챙겨 책상에 앉기 이전에 이미 시작됩니다. 글쓰기가 시작되는 시점은 제가 모종의 대상에 관련된 지식을 가지고 그와 관련된 행동이나 실천을 하며 숙고하는 그 일에 전적으로 몰입하는 바로 그때입니다. 제 능력이 닿는 한 최선을 다해 도달한 잠정적 결론(글에 적힌 내용은 언제나 잠정적인 상태입니다.)을 종이에 적어 나가기 시작하는 그때에 글쓰기 과

● 도서의 원제는 *Pedagogy of the Oppressed*이며 국내에 남경태 역, 『페다고지』(서울: 그린비)로 출간되어 있다. 본 역서에서는 원제의 의미를 살려 이 도서를 "억압받는 이들과 페다고지"로 칭하였다.

정이 비로소 시작되는 것이 아닙니다. 그때는 이미 시작된 글쓰기 과정이 지속되고 있을 뿐입니다. 글을 쓰는 동안에는 숙고하는 일 또한 멈추지 않고 계속됩니다. 그러면서 어떤 주제에 관해 글로 적기에 앞서 탐구를 했을 때라든가 어떤 행동을 실천했을 때에 일찍이는 신중히 여기지 않았던 다른 이슈들을 보다 깊이 있게 연계시켜 나가게 됩니다.

　이것이 바로 글쓰기를 단순 기계적 작업으로 볼 수 없는 이유입니다. 글을 쓰는 행위는 훨씬 복잡한 일이며 글씨를 적는 일 외에도 많은 것이 요구되는 일입니다.

　이미 『희망의 페다고지』라는 한 권의 책을 쓰고야 말았지만 당초에는 진작 『억압받는 이들과 페다고지』의 서문이나 새 머리말 정도를 쓰려고 했었습니다. 서문이나 새 머리말을 통해, 그 책에서 다뤘던 핵심 논지 일부를 다듬고 그 책이 받았던 그리고 여전히 받고 있는 몇몇 비판에 대해 이야기함으로써 제가 견지해 온 입장들을 재고해 볼 수 있으리라 기대했었지요. 그런데 수개월에 걸쳐 그 과정에 몰두하다 보니 전작의 머리말로 시작된 글이 온전한 한 권의 새로운 책이 되어 버려서 이를 『희망의 페다고지』로 출간하게 된 것입니다. 그렇다 보니 『희망의 페다고지』는 『억압받는 이들과 페다고지』에 담긴 내용을 되짚어 보는 형식을 취하고 있습니다.

　그 상황과 비슷하게도 지금 저는 아직 최근의 전작인 『희망의 페다고지』에 몰입되어 있고 그 책에서 다루었던 주제 가운데 새로운 비판을 불러올 주제들에 고취되어 희망으로 가득 차 있습니다. 하지만 이제 도전적이고 흥미로운 새로운 경험에 다시금 몸을 던지려 합니다. 명료하게 드러낼 필요가 있는 또 하나의 주제를 다루는 일 말입니다.

하지만 제가 이 명료화 작업에 적극적으로 임하려 한다고 해서 그 주제에 관한 진리가 무엇인지에 대해 제 나름의 최종적 결론을 내리겠다는 말은 아닙니다.

이 책의 제목 『프레이리의 교사론: 기꺼이 가르치려는 이들에게 보내는 편지』를 일종의 선언이라 여기시고 앞서 말씀드린 것처럼 글을 깊이 있게 이해하고자 하는 노력을 이 제목에 한번 기울여 보아 주시면 좋겠습니다. 다시 말하면, 이 제목을 최대한 충만하게 이해하기 위한 노력을 기울여 보아 주십시오. 제목에 포함된 단어들을 간단히 읽고 이해하는 정도에 그치지 마시고 제목을 구성하고 있는 단어 각각이 그 구문 안에 놓임으로써 과연 어떤 의미로 깊이 있게 이해되기를 원하고 있을지를 숙고해 보아 주십시오.

이 책의 제목은 그저 몇 단어가 이어져 있는 단순한 구문이지만 그 의미를 확장해 볼 수 있습니다. 제가 이 책의 제목을 통해 전하고자 했던 의도는 이렇습니다. 교사는 가르치는 자이지만 학습자이기도 하며 교사의 과업은 즐거운 일인 동시에 엄격한 일입니다. 교사가 과업을 수행하는 데에는 진지함과 더불어 학문적, 물리적, 정서적, 감정적 준비가 필요합니다. 교사의 과업은 가르치는 일에 자신을 헌신하는 사람들로 하여금 타인에 대한 사랑뿐만 아니라 가르치는 행위 자체를 사랑하는 감각을 기르기를 요구합니다. 사랑할 용기 없이는, 그리고 포기하기 전에 천 번을 시도해 보는 용기 없이는 가르치는 일이 가능하지 않습니다. 요컨대 사랑하는 역량(capacity)이 없다면 가르치는 일을 할 수 없습니다. 그런데 이 사랑하는 역량은 인위적으로 단련되는 역량이자 발명되듯 새로 만들어지는 역량이며, 심사숙고의 결과물로서의 역량입니다. 그래서 이 책의 부제를 '기꺼이 가르치려는 이들에게 보내는 편지'로 짓게 된 것입니다. 가르치는 사람이라면 현실적으로 터무니없다거나 지나치게 감성적이라는 자타의 비판을 무릅쓰고, 또한 반과학적이지만 않다면 비과학적이라는 자타의 비판도 무릅쓰고 그 사랑에 대해 말해야 합니다. 가르치는 사람은 자신이 탐구하고 배우고 가르치고 깨닫는 그 과정을 온몸으로 수행하고 있다는 사실에 대해 이야기할 때 주저리주저리 수다처럼 이야기하지 않고 감히 과학적으로 말해야 합니다. 가르치는 사람은 인간으로서 갖는 느낌, 소망, 두려움, 의심, 열정, 비판적 추론(critical reasoning)을 모두 동원하는 가운데에서 탐구하고 배우고 가르치고 깨닫는 일을 수행합니다. 이 일은 결코 비판적 추론 하나만 가지고 수행할 수 있는 일이 아닙니다. 그러니 인지와 정서는 구분될 수 없습니다. 또한 낮은 급여수준, 사회적 홀대, 그리고 냉소주의의 희생양이 될 위험이 상존하는 그 익숙한 조건에서 가르치는 일을 오랫동안 하기 위해서는 가르치는 사람들은 두려움을 무릅쓰고 용기를 내야 합니다. 매일 노출되는 관료화와 정치화의 유혹에 기꺼이 "아니요."라고 말하는 어려움을 무릅쓸 줄도 알아야 합니다. 그 어려움을 무릅쓰고 "아니요."라는 말을 계속 해 나갈 용기 또한 지녀야 합니다. 용기 내는 일을 그만두는 것이 물질적으로 훨씬 이득이 되는 그런 순간이 오더라도 말입니다.

하지만 교사들이 이렇게 어려움을 무릅쓰고 용기를 품을 때, 그 어떤 용기도 부모의 돌봄 같은 모습으로 전환되어서는 안 됩니다. 왜냐하면 돌보는 이미지의 교사상에 요구되는 전형적 기대는 이의를 제기하거나 파업을 수반하는 저항적 자세와 양립될 수 없기 때문입니다. 제가 여기서 부모의 돌봄 같은 모습이라고 표현할 때 의미하고자 하는 바는 자유방임과 순응에 익숙한 모습입니다. 가르치는 일은 끊임없는 지성적 엄격성과 더불어서, 인식론적 호기심, 사랑하는 능력, 창의성, 과학적 역량, 과학적 환원주의의 배격과 같은 다양한 역량의 활성화가 필요한 매우 전문적인 과업입니다. 나아가 가르치는 일에는 자유를 위해 싸우는 역량이 필요합니다. 그 역량 없이는 가르치는 일이 무의미합니다.

『프레이리의 교사론: 기꺼이 가르치려는 이들에게 보내는 편지』라는 이 책의 제목을 이해하는 데 있어서 꼭 가져 주셨으면 하는 생각이 있습니다. 가르치는 일에 양육적 측면이 있음을 부정할 수는 없지만 가르치는 일을 기분 좋고 다정한 어떤 과정으로 환원시켜서는 절대 안 된다는 것입니다. 특히 부모의 보살핌과 같은 온정적 양육으로 환원시켜서는 절대로 안 됩니다. 교사도 가정에서는 아이의 부모일 수 있습니다. 부모도 학생들과 함께 공부나 활동을 하며 가르치므로 교사인 셈이라고 말할 수 있습니다. 그렇다고 가르친다는 것은 매한가지이니 부모가 자동으로 자녀들의 교사가 된다거나 교사가 학생의 부모로 치환되는 것은 아닙니다. 가르치는 일은 전문적인 직업입니다. 기술적 숙련도 측면만을 고려하여 전문적이라 말하는 것이 아닙니다. 가르치는 일은 그것을 수행해 내기 위한 특정한 과업들이 수반되는 일이며 특정한 투지(학생들을 옹호하는 감각 측면에서)와 요건을 갖추어야 하는 전문적인 직업입니다. 부모가 된다는 것은 일반적으로 양육으로 형성된 관계와 관련되어 있습니다. 하지만 교사가 된다는 것은 하나의 직종에 요구되는 바를 담당할 책임을 지게 되는 일입니다. 반면 양육은 직종으로 여겨서는 안 됩니다. 이를 바탕으로 저는 지난 30여 년 동안 브라질에 존재했던 어떤 경향성에 대해 말해 보고자 합니다. 교사의 역할을, 특히 여성 교사의 역할을 양육에 그치는 것처럼 한정했던 이 경향성은 가르치는 일의 가치를 떨어뜨렸습니다. 가르치는 일은 본질적으로 엄격한 지적 탐구를 수반해야 하는 일인데 이를 간과하고 교사들로 하여금 사회의 모든 병폐에 따른 상처를 위로하는 일에 책임을 지게 함으로써, 즉 그들이 가르치는 학생들에게 아주 다양한 방식으로 직접적으로 영향을 미치는 매우 잔인하고 부당한 삶의 고통들을 누그러뜨릴 책임을 다름 아닌 교사들에게 지움으로써 전문적 직업인 가르치는 일의 가치를 떨어뜨렸습니다.

가르치는 일을 하며 겪게 되는 여러 문제는 교육 행위와 연관되어 있고 교육 행위가 가능하려면 최소한 인식에 대한 탐구를 즐기는 그 쉽지 않은 일에 대한 열정이 있어야 합니다. 그렇기 때문에, 가르치는 일을 원하는 사람이라면 어려움을 무릅쓰고 정의를 위해 싸우는 태도를 가지고 있어야 하며 학교교육의 조건을 바람직하게 개선해 나가는 일을 사수해 내고자 하는 태도를 분명히 가지고 있어야 한다고 제가 강조하는 것입니다. 이는 즐거운 일이기도 하지만 지적으로 엄격해야만 하는 일입니다. 즐거움과 엄격함은 상호 배타적인 것이 아닙니다.[†]

가르치는 일과 양육의 동일시를 거부한다고 해도 부모의 역할은 조금도 줄어들지 않고 그 역할의 가치 또한 조금도 낮아지지 않습니다. 이와 마찬가지로, 가르치는 일을 단순 양육으로 환원시키는 시각을 수용한다고 해서 교사의 가치가 곧 그렇게 정해지는 것도 아닙니다. 하지만 브라질의 상황을 보자면 교사들이 지녀야 하는 확실한 전문적 책임이 그 동일시로 인해 소거되어 버리고 말았습니다. 교사가 교사로서의 전문성을 발전시키는 데에 항상 힘써야 하는 그 책임 말입니다. 교사가 전문성을 발전시키는 데 힘쓴다는 것은 사회 전체의 정치적 과업이 실현될 가능성이 높아짐을 암시합니다. 브라질에서는 교사의 역할이 오직 양육에 한정되는 것으로 환원되었을 때에 실제로 이 정치적 과업의 실현이 약화되었습니다. 예를 들어 보자면 부모가 자녀 양육에 어떻게 파업을 벌일 수 있겠습니까? 브라질의 지배 이데올로기는 가르치는 일을 양육과 동일시함으로써 브라질 사회의 문화 전달성(cultural currency)을 낮췄고, 교사들로 하여금 자신이 처해 있는 업무 환경의 부당한 조건을 치유하고 그들의 학생들이 시민으로서 최선의 교육을 받을 권리를 누리지 못하게 하는 부당한 조건들을 치유해 낼 기회를 봉쇄했습니다.

제 생각에는 가르치는 일과 양육하는 일에 대한 동일시의 거부는 다른 무엇보다도 다음의 두 가지 면에서 중요한 의미를 지닙니다. 한 가지는 동일시를 거부하면 가르치는 일의 과업을 왜곡하여 이해하지 않을 수 있다는 것입니다. 다른 한 가지는 동일시의 거부가, 이 잘못된 동일시를 당연하게 받아들이도록 한 이데올로기의 기만적 연막을 보다 쉽게 제거하도록 해 준다는 것입니다. 사회 전체에서 특히 사립학교에서 강조되고 있는 이 동일시는 교사도 좋은 부모와 마찬가지로 절대 파업을 해서는 안 된다고 선언하는 셈입니다. 자녀가 더 잘 성장하도록 하기 위해 파업을 감행하는 어머니나 아버지는 볼 수 없으니 교사도 그래야 한다고 말이지요. 즉 이 이데올로기는 교사들이 그들의 학생들에게 유익하도록 학교 관리자와 정치인을 향해 보다 나은 교육 환경을 요구하며 저항할 그 필수적 역량을 교사들로부터 빼앗습니다. 그리고 이 이데올로기는 받아들일 수 없는 환경에 저항하는 교사들을 수많은 학부모들이 특히 지배계층의 학부모들이 저지할 수 있

---

† [원주] George Snyders(1986), *La Joie à l'école*(학교에서의 기쁨), Paris: PUF.

게 해 왔습니다. 이를테면 많은 공립학교에서 교사들이 열악한 환경을 개선해 달라 요구하며 파업하지 못하도록 막는 일에 바로 이 이데올로기가 작용합니다.

저는 여전히 생생히 기억하고 있습니다. 몇 년 전에 전국의 공립학교 학부모들이 교사들의 파업을 비판했을 때 상파울루 공립학교 교사 연합의 전임 회장이던 구메르신도 밀호멤(Gumercindo Milhomem) 교수가 어떻게 대응했었는지 말입니다. 당시에 학부모들은 교사들의 파업으로 인해 자신의 자녀들이 교사들이 마땅히 수행해야 하는 전문적 책무와 가르칠 의무로부터 배제됨으로써 피해를 입었다고 교사들을 비난했습니다. 이에 밀호멤 교수는 학부모들이 던진 비난에 오류가 있다고 지적했습니다. 그가 재차 강조해 말하기를 지금 파업하고 있는 교사들은 사실 학생들을 가르치고 있는 중인데, 투쟁이 실질적으로 의미하는 바가 무엇인지에 관하여 학생들에게 구체적 증거를 보여 주며 매우 중요한 교훈을 전하고 있고 민주주의에 관한 그 밖의 다른 여러 교훈도 함께 전하고 있는 중이라고 했습니다.

저는 이 교훈이 당시에도 매우 중요한 가르침이었고 지금도 여전히 우리 사회에서 그 필요가 사라지지 않은 가르침이라고 생각합니다.

분명히 할 필요가 있는 것이 또 있습니다. 제가 이데올로기의 연막에 대해 이야기하고 있지만 지배계급의 학부모들이 노동자계급 중 한 부류인 교사의 저항을 약화시키는 데 공모한 셈이라고 말하고 있는 건 전혀 아니라는 점입니다. 그들이 비밀리에 담합하여 현실을 흐리고자 '학교 중도 탈락'이라는 개념을 만들어 내고 '바깥에'라는 표현을 일부러 강조하여 '학교 바깥에 800만 명의 브라질 청소년이 있다.'라고 공언했다고 말하고 있는 게 전혀 아닙니다. 또한 특정한 이데올로기를 감추기 위해 언어적 조작이라는 방법이 사용되었다고 제가 말하고 있지만 그렇다고 해서 지배계급이 실제 상황을 위장하는 담론을 개발함으로써 학생들을 학교 밖으로 내몰아 버렸을 뿐 아니라 학생들이 학교에 가는 것을 꺼리게 만들었다고 말하고 있는 것은 아닙니다. 실제 상황에서는 아무런 이유 없이 학교를 중퇴하는 학생이 없습니다. 그저 학교에 있고 싶지 않다는 이유로 중퇴하는 학생은 없다는 말입니다. 학생들로 하여금 학교에 가는 것을 혹은 학교에 머무는 것을 꺼리게 만드는 학교 안의 상황이 있을 뿐입니다. 언어 조작을 낳은 그 이데올로기가 시도한 것은 다만 교사들을 단순 보육자로 환원시키는 것이었습니다.

하지만 지배계급이 의도적으로 이데올로기적 연막을 구성하여 프로그램화한 것은 아니라고 보더라도 현실에 대한 정확한 판단을 어렵게 만드는 이데올로기의 힘이 지배계급의 이익에 기여한다는 점은 부정할 수 없는 사실입니다. 우리 사회의 지배적 이데올로기는 현실을 은폐하고 있습니다. 사회 구성원들로 하여금 근시안적 안목을 가지게 하고 현실을 정확하게 이해하지 못하도록 막습니다.

지배적 이데올로기의 힘은 언제나 통제하고 길들이는 데 작용합니다. 개인이 지배적 이데올로기에 의해 제어되고 변형되면 판단이 모호해지고 우유부단해집니다.† 상파울루의 한 학교에서 온 젊은 교사가 저와 대화하던 중에 이런 논평을 해 주었는데 이해하기 어렵지 않으실 거라 생각합니다. "어떻게 하면 교사가 반성적이고 비판적인 태도와는 거리가 먼 보육자 정도에 머무는 그 지위를 버리고 교사로서

---

† [원주] Anoréa Pellegrini Marques

자신의 역할을 수행하게 될 수 있을까요? 교사들이 품고 있는 자유에 대한 두려움이 부모 같은 보육만으로도 학교에서 교사로서의 지위를 인정받을 수 있다는 그릇된 안정감을 낳고 있습니다. 하지만 교사로서의 책무를 다하고자 하는 사람에게는 이런 안정감이 절대 있을 수 없습니다."

이상적인 상황이라면 학교 행정이 진보적이든 보수적이든 교사들은 이와 상관없이 스스로를 정의합니다. 하지만 안타깝게도 현실 상황에서 교사들은 동요합니다. 권위적 행정하에서 교사는 온정적이고 능숙한 양육자가 될 것인지 아니면 민주적 학교 행정하에서 저항적인 교사로 살아갈 것인지 그 사이에서 갈팡질팡합니다. 저는 교사들이 열린 행정 안에서 다양한 실험을 자유롭게 해 나감으로써 자유에 대한 책무와 창조의 열망을 유지해 나가기를 바랍니다. 품격과 열정을 잃지 않은 교사가 자신이 독선적이고 절대적인 힘을 지닌 소위 현대 행정가들을 거부하는 방법에 대하여 학생들과 그들의 가족들에게 모범을 보일 책무를 지닌 전문가임을 충분히 자각하고 있다면 그가 응당 해야만 하는 행동들을 그대로 해 나가기를 저는 바랍니다. 그러나 절대적인 권력과 권위주의를 거부할 이 책무는 어떤 형식을 취하더라도 마리아, 아나, 로살리아, 안토니오, 호세와 같은 우리 개인 각자의 이름으로 개별적으로 행해져서는 안 됩니다.

민주주의의 가치를 전면에 내세우는 일에 있어서 일종의 역할 모델이 되고자 하는 교사라면 기본적으로 다음 세 가지를 지켜야 합니다.

1. 민주주의적 가치를 추구하는 프로젝트라면 절대로 어떤 교사 개인에 대항하는 개인적 혹은 단독적 투쟁으로 탈바꿈되어서는 안 되며

그렇게 이해되어서도 안 됩니다. 현실에서 종종 일어나곤 하는 질 낮은 괴롭힘에 대응하는 일일지라도 말입니다.
2. 더욱이 개인이 아니라 시스템 즉 제도적인 문제에 저항할 때라면 교사들은 투쟁이 효과적일 수 있도록 항상 함께 뭉쳐야 합니다.
3. 민주적 가치를 실현하는 교사가 되기 위해서는 앞의 두 가지를 합친 것만큼이나 중요한 것이 있습니다. 교사들이 안정적이고 지속적인 교사 준비과정(teacher preparation)을 요구하고 그것을 위해 투쟁할 권리를 행사해야 한다는 것입니다. 교사 준비과정은 이론과 실천(practice)의 살아 있는 변증법적 긴장 관계를 경험해 보는 과정이어야 합니다. 실천 자체에 대해 생각할 때에는 보다 효과적인 수단을 개발하는 측면에서 생각해 보아야 하고 실천에 대해 생각한 뒤에는 실천 속에 내재되어 있는 이론을 포착하는 일에 착수해야 하며 실천에 대해 평가할 때에는 평가를 단순히 교사들을 제재하는 도구로 여기는 데 그치지 말고 이론을 발전시킬 도구라는 점에 초점을 맞추어 실천을 평가해야 합니다.

교사의 실천을 평가해 보는 일은 여러 가지 이유에서 필요합니다. 첫 번째 이유는 평가가 본질적으로 실천의 한 부분이기 때문입니다. 모든 실천은 한편으로는 구성원들에게 있어서 일종의 활동 프로그램이며 다른 한편으로는 프로그램의 목표가 달성되었는지에 대한 지속적인 평가를 제시해 주는 과정입니다.

그러나 프로그램의 구성과 평가는 어느 하나를 먼저 수행하고 그 다음에 다른 것을 수행하는 것처럼 서로 분리되어 있는 것이 아닙니다. 프로그램의 구성과 평가는 언제나 상호 연관되어 있는 활동입니다.

실천이 따르는 교육 프로그램이 초기 개발될 때에는 수행을 마친 실천들을 평가함으로써 얻게 된 통찰에 따라 프로그램에 수정을 가합니다. 프로그램을 평가한다는 것은 거의 대부분의 경우에 프로그램의 조정과 재구성을 의미합니다. 그렇기 때문에 평가를 어떤 실천의 마지막 단계로 여기는 것은 옳지 않습니다.

교사의 실천에 대한 평가가 필요한 두 번째 이유는 교육 프로그램에 책임을 지닌 교육자라면 각 세부 단계마다 그들이 목표를 얼마나 달성하고 있는지에 대해 알고 있어야 하기 때문입니다. 결국 평가라는 과정은 우리가 실천하며 실행해 보고 있는 꿈을 구체화해 내기 위해 꼭 거쳐야 하는 과정입니다.

이런 의미에서 실천에 대한 평가는 교육자가 되기 위한 준비과정(preparation of educators)에 있어서 중요하고 필수적인 요소입니다. 그러나 불행하게도 실제로는 거의 대부분의 경우에 교사의 실천에 대한 평가가 이루어지기보다는 교사 개인에 대한 평가만 이루어지고 있을 뿐입니다. 교사를 제재하기 위해 평가할 뿐이지 교사의 실천을, 즉 그 교사의 교육활동(practice)을 개선하기 위한 평가는 거의 이루어지지 않는 게 실정입니다. 다시 말하면 작금의 평가는 교사를 제재하기 위한 것일 뿐 교사를 교육하고 성장시키기 위한 평가가 아닙니다.

우리가 종종 저지르는 유사한 실수가 있지요. 이는 우리가 핵심을 제대로 파악하지 못해서 범하는 실수입니다. 학생들을 가르치고 나서 평가할 때 우리는 교사의 실천을 향상시키기 위해 학생들을 평가하는 게 아니라 학생들을 제재하고 통제하기 위해 평가합니다. 이는 실천을 수행했던 상황 맥락에 대해 다시 생각해 보고 그와 관련하여 우리가 지녔던 목표에 대하여 깊이 생각해 본다면 거의 명백한 일일 겁니다. 또한 거의 언제나, 가르치는 과정의 마무리 부분에 이르기까지 평가를 미룬다는 사실에 대해 생각해 보면 이 실수의 존재는 더욱 확실해 질 겁니다. 좋은 교육활동을 위해서는, 즉 좋은 실천을 하기 위해서는 그 실천이 전개될 전반적인 상황 맥락에 대한 평가에서부터 시작을 해야 합니다. 상황 맥락에 대한 평가란 그 맥락에서 벌어지고 있는 일의 정체가 무엇인지를 인지하는 것을 의미합니다. 그 일이 어떻게 왜 벌어지고 있는지를 포함해서 말입니다.

이런 점에서 어떤 교육적 개입에 대한 정확한 계획을 세우기 이전에 선행되어야 하는 것은 분명 그 상황 맥락에 대한 평가를 포함한 비판적 성찰입니다.

마달레나 프레이리 웨포트(Madalena Freire Weffort) 교수는 교사와 학교 관리자, 교육과정 조정자, 교내식당 종업원, 학교 지킴이, 청소 노동자, 학부모 등이 참여하는 교사 준비과정 협업 그룹(teacher preparation group)의 가치를 옹호해 왔습니다. 어떤 부분에 있어서는 비판을 가해 왔지만 말입니다. 이 그룹은 루이자 에룬지나(Luíza Erundina)가 상파울루시 시장이었던 시절에 제가 상파울루시 교육사무국장으로 재직하면서* 함께 개발했던 모델을 따르고 있습니다. 이 모델은 다른 모델과 근본적으로 다른데, 다른 모델들에서는 보통 방학 중에 교사연수를 실시하고 초빙 강사들의 준비 내용이 과학적인지 여부를 그다지 중요하게 여기지 않습니다. 이런 연수에 참여하면 교사들은 소위 전문가로 초빙된 사람들의 이야기를 어쩔 수 없이 들어야 하는 경

• 노동자당(PT)의 루이자 에룬지나가 상파울루시 시장으로 당선되면서, 프레이리는 시 행정부의 교육사무국장으로 임명되어 1989년부터 1991년까지 근무했다.

우가 일반적입니다. 교사들이 그 이야기에 관심이 있는지 없는지는 중요하게 여겨지지 않습니다. 이런 방식의 연수는 우리가 너무 잘 알고 있는 여러 가지 이유로 인해 거의 언제나 소기의 성과를 거두지 못할 수밖에 없습니다.

교사가 배제된 채 만들어지는 교사교육

　교사들의 권익을 보호하는 정치적 도구에는 적극적인 교원노조 활동과 더불어, 과학적인 교사 준비과정(preparation of teachers)이 있습니다. 이는 최선의 정치적 도구가 분명합니다. 정치적 선명성, 교사들의 역량, 학습하고자 하는 교사들의 바람, 그리고 그들의 지속적이고 열린 호기심을 반영한 교사 준비과정 말입니다. 이 요소들은 진실된 교사들의 에너지를 정말로 강화시킵니다. 교사들의 에너지가 강화되었을 때 일어날 수 있는 일 가운데 하나는 전문가들이 현장과 유리된 채 그들의 권위를 명백히 드러내는 것에 지나지 않는 방식으로 개발 공급한 기성의 교육자료들을 교사들이 주체적으로 거부하게 된다는 것입니다. 개별 교사들의 상황과 무관하게 개발되는 자료가 교사 누구나 활용 가능한 소위 범용적 자료로 개발되는 것은 전문가들이 지닌 권위주의의 외현이며 교사들의 지적 가능성과 창작 가능성에 대하여 전문가들이 품고 있는 총체적 불신의 결과입니다.
　물론 그들은 자신들이 만든 결과물을 스스로 패키지(package)라는 말로 부르지는 않습니다만 무엇보다 모순적인 것은 이들 전문가들이 아주 세밀한 부분까지 담은 교육자료 패키지를 내놓으면서 그 패키지 구성의 주된 목적 중 하나가 유망한 교사들이 좀 더 비판적이고 적극적이고 창의적일 수 있도록 훈련하게 하는 것임을 명백히 드러내며 홍보한다는 점입니다. 실제로는 교사들이 패키지를 제공받으면 그것에 스스로를 노예화하고 교사용 지도서에 스스로를 길들이며 창작을 해 보려는 모험을 스스로 제한하는데 교사들의 이런 수동적인 행동과 패키지에 명시되어 있는 목적이 엄청나게 대비되니, 패키지의 목적이라고 했던 그 기대가 얼마나 말이 안 되는 것인지가 우스꽝스럽게 패러디되어 나타나는 것 같기만 합니다. 패키지에 담겨 있는 기성의 교육활동들은 자유를 즐기고 비판적이며 창의적인 아이들을 길러 준다고 약속하고 있습니다. 하지만 교사와 학교는 그 약속을 이행하지 못합니다. 그 패키지로 인해 교사와 학교가 자율성을 저지당하기 때문입니다.

저는 유능하고 정치적으로 명확한 교사들이 반드시 따라야 하는 노선 가운데 하나가 학생들을 양순한 존재로 길들이는 역할을 단호히 거부하는 것이라고 생각합니다. 그렇게 함으로써 교사들은 자신의 직업적 전문성에 대하여 확실히 긍정할 수 있게 됩니다. 즉 교사들이 교육자료 패키지에 배어 있는 권위주의 신화에서 신화성을 제거함으로써, 그리고 교사들의 사회 나아가 학생들의 사회도 되는 그 사회 내부에서 익숙하게 돌아가고 있는 관리 행정에 배어 있는 권위주의 신화에서 그 신화성을 제거함으로써 비로소 스스로가 교사임을 확언할 수 있게 된다는 말입니다. 그런데 교실 안에서는 게다가 교실 문이 닫힌 채로는 교사들의 사회를 덮고 있는 그 신화성의 장막이 걷어 내어지기가 어렵습니다.

바로 이 이유 때문에 권위주의적 관리 행정이 교사들에게 자유에 대한 두려움을 주입하고자 다양한 수단을 동원하는 것입니다. 이는 스스로를 진보적이라 부르는 이들이 관리 행정을 맡을 때에도 다르지 않습니다. 교사들이 자유에 대한 두려움을 가지게 되면 교사들은 지배자의 그림자를 내면화하기 시작하고 나아가 그 관리 행정에 배어 있는 권위주의를 내면화하기 시작합니다. 그렇게 되면 이 교사들은 학생들과 있을 때에 더 이상 혼자 가르치는 게 아닙니다. 위협하고 징벌을 강조하는 방식으로 작동하는 지배 이데올로기의 힘이 교사와 학생 사이에 함께 자리하기 때문입니다.

이렇게 자유에 대한 두려움을 주입하는 것은 통제의 방식 중 비용이 가장 적게 드는 방식이며 어떤 의미에서는 가장 은밀하게 서서히 퍼져 나가는 방식입니다. 또 다른 통제 수단도 있습니다. 기술(technology)을 이용한 통제 수단입니다. 기술을 이용하면 교장은 교장실에 앉아서 교사들이 교실에서 하는 행동을 감시하고 엿들으며 통제할 수 있습니다.

아무리 기술력이 대단하더라도 교장이 이십, 오십, 이백 명이나 되는 모든 교사를 동시에 점검할 수는 없다는 것을 교사들은 잘 알고 있습니다. 하지만 자신이 언제든 관찰될 수도 있다는 것도 알고 있습니다. 그래서 억압이 유발됩니다. 이런 상황에서 교사들은 아나 마리아 프레이리(Ana Maria Freire)*가 언급한 '금지된 몸(interdicted bodies)'[†]으로 전락합니다. 다시 말하자면 교사들은 그 나름의 어떤 존재가 되기를 금지당하는 셈입니다.

이런 상황이라면 분명 교수 기법 측면에 있어서는 지원이 양호하게 이루어질 것입니다. 그리고 정치적인 성격을 조금이라도 띤 어떤 교수학습도 개입할 수 없도록 하기 위해 교사들의 수업은 매우 조심스럽게 다루어질 것입니다. 그런 상태를 보존하고자 하는 자들의 꿈을 학교가 변함없이 유지시켜 줄 수 있도록 말입니다.

학교가 이데올로기적으로 중립적이지 않은 공간이라고 이야기하고 있습니다만 학교가 권력을 지닌 정당의 정치적 토대라고 말하고 있는 건 아닙니다. 하지만 정부 여당이 그들의 정치적 노선이나 이데올로기, 그리고 정부의 다른 정책들과 일관성이 있는 교육적 입장을 견지한다는 것은 부정할 수 없는 사실입니다. 정부의 성향은 인지 가능한 대상입니다. 정부가 국정을 운영하며 보인 여러 정치적 선택에 성향이 고스란히 드러나 있습니다. 정부의 성향은 선거 캠페인 문구에 특히 노골적으로 드러나 있고 국정 운영안과 예산안에도 드러나 있습니다. 국정 운영안과 예산안은 정치적 성격이 강한 문서입니다. 단지 하나의 기술적 도구로서 만들어지는 문서가 아닙니다.

정당은 정치적 성향을 교육, 보건, 문화, 사회 프로그램들의 근본적인 목표에 드러내 보입니다. 그 목표는 과세 제도를 통해 파악할 수 있고, 공적 지출의 규모를 더하거나 더는 태도에서 파악할 수 있고, 빈곤 지역이 쇠락되도록 두면서 부유한 지역의 환경미화를 우선시하는 모

---

1 [원주] Ana Maria Freire(1995), *Analfabetismo no Brasil: Da Ideologia da interdição do corpo a ideologia nacionalista au de coma deixar sem ler e escrever desde as catarinas(paraguaçu), filipas, madalenas, anas, genebras, apolonios e gracias até as severinos*(브라질의 문맹), São Paulo: Cortez Editora,

● 아나 마리아 아라우주 프레이리(Ana Maria Araújo Freire, 1933~)는 브라질 상파울루의 여러 대학에서 오랫동안 교육사를 가르친 교육학자다. 교육자였던 부모의 가르침을 받으며 성장한 그는 배우자와 사별한 뒤, 마찬가지로 아내와 사별했던 프레이리와 1988년에 결혼했다. 그는 프레이리가 남긴 유산을 이어나가고자 하는 모든 이가 참고할 수 있도록 프레이리와 관련된 방대한 기록물을 '파울루 프레이리 연구소(Paulo Freire Institute)'에서 보관하게 했다.

습에서 파악할 수 있습니다.

　무엇보다도, 정부가 엘리트주의와 권위주의를 드러내고 있다면 그 정부가 교육정책에서 학교의 자율성을 긍정적으로 고려하리라고 어떻게 기대할 수 있을까요?

　아마도 이런 모순은 포스트모던적인 자유주의(postmodern liberalism)로 해소될 수 있을 것입니다. 학교에서 청소 노동자, 조리사, 관리자, 학생, 학부모가 학교라는 하나의 거대한 전체의 일부로서 제대로 활동하며 참여하는 것을 권위주의적인 정부가 어떻게 용납할 수 있을까요? 권위주의적인 정부가 운영을 협업적인 방식으로 하고 민주주의적 모험에 부수되는 좋고 나쁜 일들을 감수하리라고 어떻게 기대할 수 있을까요?

　무언가를 타인과 함께 혹은 타인으로부터 배우려고 노력하는 일을 권위주의자들에게 기대할 수 있을까요? 타인과의 차이를 용인하고 인내와 조급함의 끝없는 긴장 속에서 살아가는 일을 권위주의자들에게 기대할 수 있을까요? 자신이 가지고 있던 어떤 확신을 한발 양보하리라고 기대할 수 있을까요? 파벌적인 권위주의자들, 즉 이해관계에 따라 집단의 성격을 띠는 권위주의자들(sectarian authoritarians)은 자기만의 생각의 틀에 갇혀 살아갑니다. 그 틀은 외부에 닫혀 있고 틀 안에서는 그들이 진리라 여기는 바에 대한 어떤 의심도 결코 용납하지 않습니다. 하물며 그 진리를 거부하는 일이야 말할 것도 없지요. 권위주의적인 정부는 마치 십자가로부터 도망치는 악마처럼 민주주의를 적극적으로 회피합니다.

　우리가 필요하다고 이야기해 왔던 연대(solidarity)가 있습니다. 바로 교사, 학생, 청소 노동자, 학부모 등의 다양한 학교 구성원들과 학교 행정 간의 연대입니다. 이 연대는 만약 다음의 조건이 갖춰진다면 어렵지 않게 만들어질 수 있습니다. 이 연대라는 바람이 공공 행정과 무관하다면, 그리고 이 바람을 실현해 나가는 과정에서 야기되는 갈등이 공공 행정과 무관하다면, 마지막으로 시, 도, 국가의 행정이 온전히 중립적이라면 말입니다. 그러나 공공 행정의 모든 측면을 순전히 기술적인 업무로만 환원시켜 본다고 하더라도 공공 행정의 업무가 결코 중립적일 수 없다는 점은 바뀌지 않습니다. 게다가 순전히 단순 기술적 업무로 환원된 행정이란 현실에 존재하지 않습니다.

저는 이와 관련된 핵심적인 주제가 두 가지 있다고 생각합니다. 한 가지는 우리에게 아직도 정부, 정당, 정치, 그리고 이데올로기에 대한 비판적 이해가 부족하다는 점입니다. 예를 들어 행정이란 행정부의 수장으로 선출된 사람에게 전적으로 의존해 이루어지는 일이라는 믿음이 널리 퍼져 있지요. 우리는 당선된 이가 업무를 개시한 첫 일주일에 모든 것을 이루어 낼 것처럼 기대합니다. 이는 하나의 전체를 이루는 정부에 대한 이해가 제대로 되어 있지 못한 탓에 가지게 되는 기대입니다.

최근에 저의 한 친구가 늘 머리 손질을 맡겨 왔던 미용사로부터 들은 이야기를 제게 전해 주었습니다. 그 미용사는 시립극장의 정기 후

- 포스트모던적인 자유주의(postmodern liberalism)는 행위주체로서 개인의 자율성을 인정하지만 주체의 행위 범위와 의미는 역사적, 문화적 맥락과 밀접하게 연관되어 있다고 본다. 즉, 행위주체에 대한 역사, 문화, 규범 등을 합의하고 공유하는 공동체의 영향을 인정한다. 그러나 개인에 대한 공동체의 우월적이며 절대적인 영향을 인정한다기보다 공동체가 행사하는 일정한 영향 효과가 언제나 잠정적이며 개인에게 미치는 공동체의 규율이 공동체를 구성하는 개인들의 자유로운 참여로 인하여 구성되고 그 효과가 드러나는 것이라 본다.

원자라고 합니다. 미용사가 말하기를 시에 문화국이 만들어진 이래로 마릴레나 차우이(Marilena Chaui)*가 한 것보다 더 능력 있고 더 헌신적으로 수행할 수 있는 사람은 없다는 걸 수년 동안 확신해 왔다고 하더랍니다. 그리고 말을 잇기를 "그렇지만 선거에서 수플리시(Suplicy)**에 표를 주지 않았어요. 왜냐하면 그와 같은 당인 노동자당(PT)†에 속해 있는 에룬지나(Erundina)*** 시장이 어떤 그럴 듯한 일도 추진하지 않았거든요."라고 하더랍니다. 그 미용사는 미술, 무용, 음악 그리고 문화 전반에 애정을 가지고 있었지만 그간 시의 문화국에 의해 성취되어 온 어떤 것도 에룬지나 시장과 관련이 있다고 여기지는 않았던 겁니다. 더욱이 에룬지나가 했던 어떤 것도 그럴 듯한 성과로 볼 만하다고는 여기지 않았던 것입니다.

당시 에룬지나 시장의 행정부에서 교육국 국장이었던 마리오 코르텔라(Mario Cortela)는 다음과 같이 분명하게 말한 바 있습니다. "시에 있는 학교의 63%가 악화되어 있었습니다. 그중 일부는 실제로 부적격 학교로 판정받은 상태였습니다. 하지만 저희가 업무를 마무리하는 지금은 시 전체 학교의 67%가 우수한 여건을 갖추고 있습니다." 제가 직접 목격했는데 그의 말은 분명한 사실입니다.

언제나 시민들로부터 그럴 듯한 사업으로 인정받는 것들이 있습니다. 시의 여러 지역 가운데 일부 운이 좋은 지역에서 진행되는 육교, 터널 건설이나 광장 조경과 같은 것들입니다.

여기에 제가 집중하고 싶은 두 번째 주제가 있습니다. 바로 시민으로서의 책무입니다. 앞서 언급한 연대의 문제를 해결할 수 있는 유일한 방법은 시민사회의 일원으로서 가져야 하는 사회적, 정치적 책임이 과연 무엇인지를 비판적으로 인식하고 깨닫는 것입니다. 시민의 책임은 국가가 어떤 역할을 수행할 때 그대로 받아들일 것이 아니라 국가가 헌법상의 의무를 제대로 이행하고 있는지 아닌지를 감시할 책임이며 나아가 보다 더 잘 감시할 수 있도록 집결하고 조직화하는 그 방법을 터득할 책임입니다. 그 방법만이 우리를 좀 더 폭넓은 대화의 장으로 이끌어 줍니다. 그리고 그 방법만이 보수와 진보를 막론하고 정당한 지위를 가진 각 단체와 정당의 대표자들로 하여금 사회 중심에 있는 공론의 장에 한데 모여 사회 속 다양한 분야의 다양한 이해관계가 공존할 수 있도록 하는 어떤 경계를 설정하는 일을 논의하게 합니다. 즉 서로 다른 정치적-이데올로기적 알력들이 서로를 수용하고, 그럼으로써 공공 행정이 단절되지 않고 지속될 수 있도록 해 주는 그 경계를 설정하게 합니다.

  새로 임기를 시작하는 행정가들이 전임자에 대해 가지고 있는 개인적인 유감 때문에, 예산이 관계되어 있고 사회적 의미를 지닌 전임자의 사업들이 무엇보다 먼저 폐기되거나 배척되듯 버려져 그 사업과 관계된 사회적 가치들이 일거에 무력화되어 버리는 일이 저는 무척

---

† [원주] PT는 'Partido Trabalhista'의 줄임말로 노동자당(Workers' Party)입니다.
- 마릴레나 차우이(Marilena Chaui, 1941)는 브라질 노동자당의 창당 멤버이며 1989년부터 1992년까지 상파울루시 문화국 국장을 지냈다. 브라질의 철학자이자 2020년 현재 상파울루 대학 교수로 정치철학과 현대철학사 강의, 자본주의 모델 비평 등을 하고 있다.
- 에두아르도 수플리시(Eduardo Suplicy, 1941)는 브라질의 정치인이자 경제학자, 교수이다. 브라질 노동자당의 창당 멤버이자 현재에도 브라질 노동자당의 대표적 인물이다. 1991년에 노동자당 의원으로는 처음으로 상원의원에 취임했으며 그해부터 상파울루주 상원의원으로 있다. 1998년 연방 상원의원 선거에서 상원의원 투표사상 최다 득표를 기록했고 2016년 상파울루 시의원 선거에서 브라질 역사상 최다표를 얻었다.
- 루이자 에룬지나(Luíza Erundina, 1934)는 브라질의 정치인이다. 브라질 노동자당 소속으로 1989년부터 1993년까지 상파울루시 시장을 지냈다. 2005년 노동자당을 탈당했고 사회당(PSB)을 거쳐 2016년부터 사회주의자유당(PSOL) 소속으로 2020년 현재 상파울루 연방 의원이다.

안타깝습니다.

한편 이유와 명분을 알 수가 없는 일이 있습니다. 진보적 담론을 바탕에 두고 있는 정부가 행정적 연속성이라는 미명하에 엘리트주의적이고 권위주의적임을 부정할 수 없는 각종 사업을 지속해 나가는 이유와 명분은 대체 무엇일까요?

신자유주의 담론에서는 종종 진보적 성향의 후보자와 정당 들을 비판합니다. 진보적 성향의 후보자나 정당이 이데올로기적이라는 점을 들어, 이들이 더는 쓸모없고 뒤처진 한물 간 구식이라 비난합니다. 또한 그런 담론은 시민들이 더 이상 받아들이지 않으며 이제는 오직 기술적, 기능적 담론만이 통용된다고도 말합니다. 하지만 기술적이고 기능적인 담론 중 어떤 것도 선천적으로 이데올로기적이지 않은 것은 없습니다.

제가 보기에 시민들이 진보정당에 대해 무엇보다 점점 더 거부하고 있는 바는 스탈린주의자들이 보였던 행태와 같은 일종의 반(反)역사적 주장입니다. 일부 진보정당은 역사의식을 상실한 채, 20세기 초반에 했던 전통적인 운동을 연상시키는 방식으로 행동하고 있습니다. 그 방식은 활동가들을 위협하고 퇴출시키며 그들을 독려하지 못합니다. 이런 방식이 현재에는 어떻게 통용은 될지라도 결국 이런 방식으로는 생존하지 못할 것이라는 점을 진보정당의 지도부는 아직 깨닫지 못하고 있습니다. 과거의 독단적인 방식에 머물러서는 스스로를 고립시키게 될 것이라는 점도 깨닫지 못하고 있습니다. 역사는 그들이 포스트모더니즘을 고려하여 보다 진보적으로 변화하기를 요구하고 있습니다. 이것이 시민들이 기대하는 바이며, 역사에 민감하고 역사에 발맞춰 살아가는 유권자들의 바람입니다.

집단으로 나뉘어 각자의 이해관계를 따르는 분파주의가 늘어놓는 장황한 이야기와 낡은 슬로건. 그것이 바로 시민들이 거부하는 대상의 실체라고 저는 믿습니다. 엘리트주의에 빠진 후보자나 정당이 이끄는 정부는 좀 결정적으로 말하자면 대중적인 정부가 절대로 될 수 없는데 이를 자각하는 일은 우리 시민들에게 언제나 쉽지 않았습니다. 바람직한 자금 지출 정책이 무엇이며 그렇지 못한 정책은 무엇인지를 제대로 알기 위해 애쓰고, 국가 사업 중에 중요한 것이 무엇이고 그렇지 않은 것이 무엇인지를 분별하려고 애쓰다 보면 우리는 어느새 왜곡된 길로 빠져 버리곤 했던 것입니다. 저는 우리가 단순히 현실에 관한 객관적 데이터를 보다 비판적으로 파악하게 된다고 해서 그 왜곡의 원인을 극복할 수 있을 것이라고는 생각하지 않습니다. 이데올로기적 장애물들을 해소해야 합니다. 그렇게 하지 않고서는 명료한 인식으로 나아가는 길을 닦아 나갈 수 없습니다. 예를 들어 나와 내가 표를 던지는 후보자 간에는 고마운 마음이라든지 하는 정서적 관계를 훨씬 넘어서는 무언가가 존재한다는 점을 인식해야 합니다. 만약 매우 수구적인 사람에게 제가 고마움을 느낀 일이 있다면 저는 그 사람에게 감사를 표현할 수 있습니다. 아니, 표현해야 할 겁니다. 하지만 만약 제가 아주 많은 사람들과 함께 싸워 온 꿈과 이상이 그 수구 후보자의 꿈이나 이상과 적대적으로 반대된다면 저는 그에게 표는 줄 수 없습니다. 제 고마운 마음이 저로 하여금 제 꿈에 반하는 일을 하도록 이끌지는 않아야 합니다. 그 꿈은 오로지 저만의 것이 아닙니다. 오로지 저 개인의 빚을 갚기 위해 그 꿈을 지불수단으로 내어 놓을 권리가 저에게는 없습니다.

 누군가에게 표를 던지는 일은 누군가를 돕는 일이 아닙니다. 투표는 어떤 실현 가능한 꿈을 위해 싸울 정치적 힘을 누군가에게 위임하는 일입니다. 누군가가 만약 선출되었을 때 제가 가진 꿈에 반하는 입장에서 싸우게 될 사람이라면 어떤 상황에서도 그를 위해 표를 던지지 않아야 합니다. 그렇게 표를 던지면 안 됩니다.

우리가 행정부의 대표들을 뽑을 때에는 진보적인 후보자들에게 표를 계속 던지면서도, 입법부 국회의원 투표를 할 때에는 보수적인 후보자들이 그간 어떤 부분에서는 우리에게 유익했다는 것을 이유로 그 보수적인 후보자들에게 표를 주는 일이 일어나고 있다니 도무지 믿기 어렵습니다.

어떤 국가 사업이 공적 자금을 투입할 가치가 있는지를 판단하는 일로 잠시 되돌아가 봅시다. 이 판단에는 지배 이데올로기의 흔적이 확연합니다. 권력을 가지지 못한 이가 누구인지를 권력을 가지고 있는 이들이 결정하는 바로 그 방식 그대로 그들은 좋고 나쁨을 가르는 기호를 결정하고, 윤리가 무엇인지에 대한 정의를 결정하며, 미와 선의 정의를 결정합니다. 권력을 가지고 있는 이들이 지배 이데올로기에 종속되어 있는 것과 마찬가지로 그들에 종속되어 있는 민중계급(popular classes)은 지배 이데올로기의 수많은 가치 기준을 분명 내면화합니다. 그리고 그렇게 지배 이데올로기를 따르게 됩니다. 그러나 우리가 반드시 알아야 하는 것은 지배 이데올로기의 내면화가 기계적으로 진행되는 과정이 아니라 변증법적으로 전개되는 과정이라는 점입니다. 민중계급은 스스로의 권리를 지키는 투쟁에 대해 알게 되면 지배 이데올로기에 저항하기도 하고 그 과정에서 때로는 그들의 가치에 따라 지배 이데올로기를 수정하기도 합니다. 그러나 민중계급에 속한 많은 이들은 지배계급에 의해 중요하다고 여겨진 국가 사업들을 그대로 중요하게 여기게 됩니다. 도시가 하나의 총체라는 점을 감안하면 거리나 정원을 조성하는 일이나 이미 잘 관리되어 있는 것들을 다시 보수하고 미화하는 일, 터널이나 고가도로를 건설하는 일도 민중계급의 이익과 연관된 무언가가 될 수 있는 사업이기는 합니다. 하지만 그 사업들은 민중계급의 핵심적인 요구를 해결하지는 않습니다. 부유층의 핵심적인 요구를 충족시키지요.

그렇다고 제가 진보적이고 민주적이고 급진적이면서도 파벌적이지 않은 성향의 행정부로 하여금 상대적으로 부유한 지역에 국한된 문제는 부유층의 문제이므로 그 문제 해결은 그만두라고 하고 있는 건 아닙니다. 왜냐하면 그 문제들도 부유층에서 제기한 명백한 문제이니 말입니다. 엄밀하게 말해서 도시에서 벌어지는 문제는 그것이 무엇이든 그 도시의 문제가 맞습니다. 그리고 부유층과 빈곤층 모두에 영향을 미치지요. 분명히 다른 방식으로 영향을 미치지만 말입니다. 제가 용인하기 어려운 것은 진보적 행정부가 피착취 주민들의 실제적이고 확연하며 때로 극적이기도 한 필요에 공공 지출을 우선시하는 일을 거부하지 않아야 한다는 의무감에 강요당해서는 안 된다고들 하는 그런 말들입니다.

이미 충분히 개발된 지역을 보다 아름답게 보수하고 정화하는 일과, 착취당하고 무시당하던 지역의 도로 수천 킬로미터를 포장하고 위생 시설을 관리하고 학교를 세우고(운이 좋은 지역에서는 찾아볼 수 없는 교육의 양적 부족 문제를 해결할 수 있습니다.) 좀 더 좋은 수준의 의료 서비스를 충분히 제공하고 어린이집의 수를 배로 늘리고 사람들의 문화 활동을 챙겨 돌보는 일. 이런 일들과, 이미 충분히 개발된 지역을 보다 아름답게 보수하고 정화하는 일 사이에서 진솔하고 민주적이고 진보적인 정부는 주저해서는 안 됩니다.

　정치적 우파는 계속 존재합니다. 따라서 진보 정당 또는 좌파 정당은 이데올로기 논쟁이 이제 사라졌으며 그렇기 때문에 정치적 투쟁은 이제 무색무취의 논쟁으로 옮겨 가야 한다는 그 주장에 결코 져서는 안 됩니다. 이념적 지향을 제거한 무색무취의 논쟁이란 오직 기술적 역량만을 논하고 정부 정책의 목적이나 목표와 관련된 소통 능력만을 매우 중요하게 여기는 논쟁일 것입니다.

　과거에 상파울루시 시장 선거에서 승리를 거두었던 후보자가 내세운 말과 이후 행적을 지켜보면서 흥미롭다고 느낀 적이 있습니다. 그는 자신이 오직 "행정의 본질적 성격을 지닌 사업만을 공약으로 제안하고 정치적이거나 이데올로기적인 사업은 제안하지 않는다."라고 했습니다. 하지만 그러고 나서 그렇게 하지 않았습니다. 이데올로기와 정치의 손이 닿지 않은 순수하고 순결한 행정적 사업들이 존재하며 이들이 실로 중립적이라는 점을 확인시켜 주는 어떤 모습도 그에게서는 찾아볼 수 없었습니다.

　기술적 지식의 이치만 가지고 세상을 움직이며 개입하는 능숙한 행정가, 그렇게 너무나 대단하고 순수하고 매력적인 그런 행정가는 일찍이 존재한 적이 없습니다. 그런 이가 존재한다면 그는 사회계급을 없앨 힘을 가지고 있는 것이 분명합니다. 아니면 그는 부유층과 빈곤층 간에 필연적으로 발생하는 서로 다른 삶의 방식, 서로 다른 취향과 꿈과 문화, 서로 다른 사고와 행동과 가치와 말하는 방식 같은 실존적 차이를 무시할 어떤 힘을 가지고 있을 것입니다. 또한 이 모든 차이가 이데올로기 성향과 정치적 결정에 관련되어 있다는 사실을 무시해 버릴 수 있는 힘을 가지고 있을 것입니다.

좌파가 이 장단에 맞춰 춤을 춘다면 비판적 시민성 발달에 있어 비교육적인 방향으로 행동하는 셈입니다. 이는 제가 진보주의자들이 이데올로기적인 내용을 담은 캠페인을 만들어 내지 않는 것은 실수라고 반복적으로 주장하는 이유입니다. 진보주의자들의 캠페인에는 사회에 계급 차이가 존재하는 것은 부인할 수 없는 사실이며(그들은 피부로, 몸으로, 영혼으로 직접 느껴 온바 이에 대한 최소한의 감각적 지식을 가지고 있습니다.) 그 계급 차이가 정치적인 사업들, 정부의 목적들, 그리고 그것의 구성요소들 모두에 직결되어 있음을 민중계급에게 분명하게 전하는 내용이 담겨야 합니다. 그리고 그 내용은 점차 탁월해져야만 합니다. 민중계급의 시민들은 선거 과정에서의 담론과 선거 이후의 현실이 별개라는 사실을 이해해야 합니다. 페르난두 아폰수 콜로르 지 멜루(Fernando Affonso Collor de Mello)•는 스스로를 가난한 이들을 위한 후보자라고 일컬었지만 우리 가운데 어떤 가난한 이도 부조리가 가득하고 소외 계층에 대한 최소한의 예의조차 상실했던 그의 정부 시절보다 더 벌거벗겨지고 더 착취당했던 시절을 알지 못합니다.

거의 언제나 좌파의 과오는 자신들이 확실하다는 절대적인 신념을

• 페르난두 아폰수 콜로르 지 멜루(Fernando Affonso Collor de Mello, 1949)는 브라질의 제32대 대통령(1990~1992)이다. 민주운동당(PMDD) 소속으로 알라고아스 주지사로 선출되었다(1986). 1989년 우파 계열의 국가중흥당(PRN)을 창당하여 대통령 선거에 출마해 29년 만에 치러진 국민 직선 선거에서 대통령에 당선되어 만 40세의 나이로 취임했다. 물가 억제를 위해 은행 계좌를 동결하는 등 재정 긴축 정책 및 부패 추방 운동을 벌였으나 선거 당시 대규모 뇌물 수수 혐의가 포착되어 상하원에서 탄핵 절차가 진행되자 사임하였다. 사임 이후에도 상원에서 탄핵 절차를 진행하여 탄핵이 최종 가결되었고 8년 동안 공직 취임이 금지되었다. 이후 연방대법원은 뇌물 수수 혐의에 대해서는 구체적인 증거가 없다고 판결했다. 노동당에 입당하여 2006년 연방 상원의원에 선출되었고 브라질 연방 검찰의 권력형 부패 수사가 이어지면서 국영에너지회사로부터 100억 원대 뇌물 수수 혐의로 2017년 기소됐다.

가지는 우를 범하는 것이었고 그 신념은 좌파를 분파적, 권위적, 심지어 종교적으로 만들어 버렸습니다. 그들 바깥에 있는 어떤 것도 이치에 맞지 않는다고 여긴 그 신념, 그리고 민주주의에 대해 지닌 오만과 비우호적 태도는 지배계급이 그들의 '계급 독재(dictatorship of class)'를 실행하고 유지하는 데에 최고의 수단으로 이용되었습니다.

소비에트 연방(구소련)의 변화 이래로 벌어진 일련의 현상들로 좌파는 망연자실해 버렸습니다. 이들은 시민들로 하여금 자유에 대한 두려움과 민주주의에 대한 혐오를 다시금 불러일으켰을 뿐 아니라 시민들이 자본주의의 우월성에 대한 신화를 무덤덤하게 받아들이게 두었고 정치적 성격을 띠는 캠페인들을 이데올로기와 무관한 것으로 잘못 인식하도록 두었습니다. 이는 좌파의 실수라기보다는 좌파가 지닌 위험한 모습이라고 보는 게 더 알맞을 것입니다. 좌파의 또 다른 실수 혹은 위험성은 시민들이 이데올로기를 부정함으로써 사회계급, 꿈, 유토피아를 제거해 버리는 반동적 포스트모더니티*를 믿는 태도에 경도되어 공공 행정을 정치나 이데올로기와 분리되는 순수하게 기술적인 과제로 여기도록 둔 것입니다.

지금까지 언급한 좌파의 실수는 좌파 활동가들이 그들의 신념과 충돌하는 입장을 지닌 정부에서도 자리를 맡곤 하는 일이 왜 벌어지는지를 설명해 주는 유일한 단서입니다. 만약 사회에 계급이 더 이상 존재하지 않음으로써 다소간 차이는 있을지언정 모든 것이 같은 것으로 간주되고 결국 이 세상에 불확실한 것이 없어져 버리게 되는 때가 온다면 그때는 우리 사회의 다양한 기술적 수단에 대하여 본격적으로 이야기를 나눠도 괜찮을 것입니다.

사람들이 믿든지 말든지 이데올로기는 죽었다는 생각을 전파하는 것은 지배계급의 전형적인 행동입니다.

어제에 진보적이었던 사람이 오늘은 보수적인 사람이 되는 일은 유감스럽게도 현실에 충분히 있을 법한 일이 되어 있습니다. 극단적인 한쪽 끝에서 다른 한쪽 끝으로 뛰어가는 이 뜀뛰기에 대하여 제가 받아들이기 어려운 것은 더 이상은 어떤 깃발도 없고 왼쪽도 오른쪽도 없기 때문에 마치 그가 평지를 간단히 걸어서 이동한 것과 마찬가지인 것처럼 말해지는 일입니다. 그리고 그 이동이 무색, 무취, 무미의 단지 기술적인 일인 것처럼 말해지는 것입니다. 하지만 아닙니다. 결코 그렇지 않습니다.

가르치는 일은 돌봄이 아닙니다

왜 저는 교사의 역할이 보육하는 부모와 달라야 한다는 기본적인 이야기에서 시작해서 다른 수많은 이야기들을 우회해 온 것일까요? 이 수많은 이야기들이 교사의 역할을 해명하는 것과 관련되어 있고 철저히 허구적(fictitious)인 것들이기 때문입니다.

교사를 부모와 같은 보육하는 지위로 환원시키려는 시도는 어떤 '순수한' 이데올로기적 함정을 구체화해 드러낸 것입니다. 교사에 대한 이미지를 부드럽게 만드는 일을 통해 실상 시도되고 있는 것은 바

- 반동적 포스트모더니티(reactionary postmodernity)는 모더니티로 인한 사회적 폐해를 극복하려는 경향으로서 계급과 이데올로기 같은 구조와 맥락이 관여하는 모더니티의 문제에 대해 비판적으로 관심을 갖기보다는 맥락성을 간과한 채 주로 모더니티 안에 박혀 있는 모순과 잘못된 관행 자체의 개선을 통한 긍정적 상태로의 회귀에 주목한다.

로 교사들이 지닌 저항 역량을 약화시켜 부드럽게 만들고 또한 그들이 매일 일상적인 업무를 수행하는 데에만 몰두하게 만드는 일입니다. 예를 하나 들자면, 교사들이 지닌 저항의 역량은 그들의 학생들에게 문제의식을 돋우는 역량과 연관되어 있습니다. 게임이나 스토리, 읽기 활동 등을 활용하여 아동기부터 성인기에 가까운 연령에 이르는 그들의 학생들로 하여금 담론과 실천 간에 연관성을 만들어 나갈 필요가 있음을 이해하게 만드는 역량 말입니다. 사회적 약자, 빈자, 노숙자를 보호하는 일에 관한 담론과 못 가진 자에 비해 가진 자에게 더 우호적으로 행동하는 실제의 비일관성에 대해 생각하게 하고, 사회계급과 계급 간 갈등의 존재를 부정하는 담론과 권력자의 입장을 전적으로 옹호하는 정치적인 행동의 비일관성에 대해 생각하게 하는 등의 활동을 통해서 말이지요.

저는 선거에 출마한 후보자가 선거 전후에 엄청난 입장 차이를 보이면서 그 차이를 방어하거나 평범한 일로 받아들이게 하는 것을 올바른 일로 여기지 않습니다. 그런 방식으로 사는 것 또는 그런 모습을 받아들일 만한 것으로 방어하는 것은 저에게 윤리적으로 보이지 않습니다. 우리가 방심하지 않는 시민이라면 그런 일은 우리에게 어울리지 않습니다. 방심하지 않는 시민은 민주주의 발전에 없어서는 안 될 요소입니다.

그러니 교사들은 교사여야 할 뿐 보육하는 부모가 되어서는 안 된다는 명제는 결국 우리 모두가 우리 자신일 권리, 선택할 권리, 결정할 권리, 그리고 진실을 밝힐 권리를 위해서 싸울 권리이자 의무를 가지고 있다는 사실을 시사합니다.

그래서 부모가 보육을 하든 그렇지 않든 교사는 교사로 있어야 하고, 부모는 부모로 남아야 합니다. 자식을 사랑하는 마음이 없더라도 부모가 될 수는 있습니다. 심지어 부모가 되는 것을 좋아하지 않더라도 부모가 될 수 있습니다. 하지만 학생을 사랑하는 마음이 없으면 교사가 될 수가 없습니다. 심지어 사랑 하나만으로는 불충분하다는 것을 깨닫게 됩니다. 가르치는 일을 사랑하는 마음 없이 교사가 되는 것도 불가능합니다. 하지만 교사가 가르치는 것을 좋아하지 않는다고 말하는 것이 부모가 부모 역할을 좋아하지 않는다고 말하는 것보다는 훨씬 수월합니다. 교사를 부모의 역할로 환원시키는 것은 마치 부모가 자녀에 대한 돌봄을 거부하고 싶을 때 사회적 금기 앞에서 두려움을 품게 되는 것처럼 교사가 교사로서의 업무를 거부해야만 할 때에 두려움을 가지게 하려는 것입니다.

  교사로서의 의무 수행을 가능하게 만드는 권리를 위한 싸움, 그 싸움 없이도 교사라는 직업을 가질 수는 있습니다. 하지만 그러면 교사인 독자 여러분은 혹은 장차 교사가 되고자 하는 이 책의 독자 여러분은 교사로서 부모와는 다른 교육 전문가로 인정받을 권리를 지속시키는 게 아니라, 부모와 같이 학생들을 돌보는 존재로 계속 여겨지기를 원할 권리를 지속시키는 셈이 될 것입니다.

Letters to Those Who Dare Teach

첫 번째 편지

세계 읽기 그리고 글 읽기

어려움을 무릅쓰고 가르치려는 교사들에게 드리는 첫 번째 편지의 주제로 가르치는 일의 중요성에 대해, 그리고 이와 동등한 배움의 중요성에 대해 말씀드리는 것보다 더 좋은 것은 없을 것 같습니다. '배움(learning)' 없는 '가르침(teaching)'이란 있을 수 없습니다. 저는 가르치는 행위를 하려면 가르치는 사람뿐만 아니라 배우는 사람이 있어야 한다는 것 그 이상에 대해 말씀드리고자 합니다. 가르치는 사람은 가르치고, 또한 배웁니다. 가르치는 중에 한편으로는 이전에 배운 지식을 다시금 인지하기 때문이고, 다른 한편으로는 자신이 가르친 것을 학생들이 이해하고자 노력할 때 그들의 호기심이 어떻게 움직이는지 그 방식을 관찰함으로써 자신이 가르친 내용 중에 불확실한 것, 부정확한 것, 잘못된 것이 무엇인지를 스스로 깨닫기 때문입니다.

  학생들의 실수를 교정하는 일을 통해서만 교사가 배우게 되는 건 아닙니다. 겸손하고 개방적인 태도를 가지고서, 자신이 이전에 생각했던 바를 재차 생각하고 자신이 이전에 가졌던 입장을 수정할 준비를 늘 하고 있다면 그 교사는 가르치면서 배웁니다. 교사의 배움은 교사가 학생들의 호기심에 관심을 가지고서 학생들이 호기심을 풀어 가는 그 흐름에 주목하는 가운데 일어납니다. 학생들이 지닌 거의 순백에 가까운 호기심으로 가득 찬 그 흐름 안에는 교사들이 이전에 전혀 생각해 보지 못했던 의견과 질문이 잉태되기도 합니다. 가르칠 때 '관료적인 마음 자세(bureaucrats of the mind)'를 버리고 자신이 가지고 있던 호기심을 재구성해 보려 한다면, 감정을 가지고 원활히 지각하는 섬세한 교사의 몸은 학생들이 하는 '어림짐작'과 그들의 순수함 그리고 분별력에 대해 열린 태도를 취하게 될 것입니다. 그리고 그 교사는 가르치는 중에 충만한 배움의 순간을 경험하게 될 것입니다. 교사들은 어떻게 가르치는지 그 방법을 알고 있지만, 가르치는 가운데 벌어지는 일들을 계속해서 확인하고 복기하면서 자신의 방법을 발달시켜 나가게 됩니다.

그러나 교사가 가르치는 법을 계속 배워 나가게 된다고 해서, 가르치는 데 필요한 역량을 제대로 구비하지 않은 채 누군가를 가르쳐도 되는 건 절대 아닙니다. 가르치는 법을 계속 배워 나간다는 사실이 제대로 알지 못하는 내용을 가르쳐도 된다고 허용하는 것도 아닙니다. 교사는 본격적으로 가르치기 전에 자신의 정치적, 윤리적, 직업적 책무를 인식하고 이를 완수할 책임을 지녀야 합니다. 가르치는 일은 교사의 부단한 준비와 발달이 바탕이 되어야 하는 일입니다. 교사가 경험을 지속적으로 충실히 축적해 가다 보면 이 사실을 더욱 명확하게 이해하게 될 것입니다. 그리고 교사의 발달은 교사가 자신이 수행하는 가르침을 비판적으로 분석하는 과정을 통해 이루어집니다.

그러니 가르치는 일은 '탐구(studying)'를 필연적으로 포함합니다. 가르치는 일이 이런 성격을 지니고 있으니, 가르치는 일을 준비하는 이들이 어떤 경험을 하는지에 대한 이야기를 '배움'에서부터 시작해 봅시다. 저는 교사라면 반드시 어떤 규칙을 따라야 한다는 처방을 하려는 게 아닙니다. 그런 규칙은 제가 이제까지 이야기해 온 모든 것과 심하게 모순됩니다. 제가 관심을 가지고 있는 것은 이 책의 독자 여러분과 함께 어떤 지점이나 측면 들을 짚어 가며 그것이 과연 적합한지 이의를 제기해 보는 일입니다. 우리가 가르치기도 하는 학습자로든 아니면 배우기도 하는 교육자로든 어떤 모습으로든 참여하고 있는 매일의 교육에는 뭔가 다르게 행해져야 할 어떤 것이 항상 존재한다는 점을 명백하게 보여드리면서 말입니다. 규칙이 아니라 바로 이것이 제가 이 책에 담고자 하는 정신에 부합합니다.

또한 '탐구'라든가 '읽기'라든가 '관찰'이라든가 대상 간의 관계에 대한 '인지' 같은 과정을 분명하고 완벽하게 밝혀서 알게 해 드리려는 게 아닙니다. 그런 인상조차 드리고 싶지 않습니다. 대신 이 과정들을 보다 비판적으로 이해하고자 할 때 주목할 가치가 있는 지점에는 어떤 것이 있는지를 분명히 밝히고자 합니다.

먼저 '탐구'에 대해 이야기해 봅시다. 탐구는 일단 '가르치기'의 내용 중 하나로서 교사에게 익숙한 활동이지만 가르치기 이전에 혹은 가르치는 중에 수반되는 교사의 배움과도 관련이 있는 활동입니다. 또한 미래에 가르치는 역할을 하고자 준비하고 있는 학생들이나 더 잘 가르치기 위해 지금 자신이 가지고 있는 지식을 재구성해 보고 있는 학생들의 배움과도 탐구는 연관되어 있고, 학교교육을 막 시작한 어린 학생들의 배움과도 관계되어 있습니다.

탐구는 배움을 준비하는 개인의 활동으로, 비판적이고 창의적인 활동이자 재창조 활동입니다. '학교'에서 특정한 주제를 제시받은 뒤 그 주제와 관련된 설명이나 토론 내용이 담긴 텍스트를 읽으며 탐구를 하게 될 수도 있고, 스스로 어떤 사회적 혹은 자연적 사건에 대해 비판적으로 성찰해 보다가 호기심이나 지적 경험에 이끌려 텍스트를 골라 읽거나 타인으로부터 권유받은 텍스트를 읽으며 탐구를 하게 될 수도 있는데 둘 중 어떤 경우든 상관이 없습니다.

비판적 관점에서 보자면 '탐구' 행위란 매우 체계적으로 정돈된 지식과 상식적인 지식을 나눠 구분하는 활동이라기보다는 양자를 서로 관련짓고 통합해 가는 활동입니다. 그리고 언제나 읽기 행위를 내포하는 활동입니다. 탐구 행위가 곧 읽기 행위로 환원되는 것은 아니지만 말입니다. 글을 읽음으로써 우리는 예전의 방식으로 읽어 오던 세계를 새롭게 다시 읽어 볼 수 있습니다. 하지만 읽기는 순수한 유희가 아닙니다. 텍스트의 일부를 암기하기 위한 기계적인 연습도 아닙니다.

탐구를 제대로 할 때, 그리고 읽기를 진지하게 진행할 때 저는 내용을 명확히 이해하지 않은 채로는 책장을 넘길 수가 없습니다. 이때 눈을 감고 텍스트의 일부분을 두 번이고 세 번이고 네 번이고 반복하여 기계적으로 읽어서 문단의 일부를 암기하는 것은 해결책이 되지 않습니다. 이는 마치 기계처럼 단순 암기를 하면 자신에게 필요한 지식을 얻게 되리라 여기는 일이지요.

읽기는 지적인 일입니다. 어렵고 수고스럽지만 동시에 만족감을 얻을 수 있게 해 주는 그런 일입니다. 읽기의 주체, 호기심의 주체, 발견 과정의 주체가 되지 않고서는 그 누구도 진정한 탐구를 할 수 없습니다. 읽은 내용을 이해하기 위해 탐색을 하고 읽은 내용에 대한 이해를 만들어 내기 위해 노력하는 과정이 바로 읽기입니다. 그렇기 때문에 여러 기본적인 것들 가운데에서도 특히 읽기와 쓰기를 올바르게 가르치는 일은 굉장히 중요합니다. 읽기를 가르치는 일은 그저 읽는 일에 참여시키는 게 아닙니다. 읽기를 가르치는 일은 '이해'라는 과정을 둘러싸고 있는 창조적인 경험에, 즉 이해와 관련된 일종의 의사소통에 참여시키는 일입니다. 학생이 학교에서 알게 될 개념을 그날그날 일상적으로 마주치는 실제 세상의 모습에서 얻어지는 개념과 구분하지 않고 통합해 함께 다루면 이해 과정에서 일어나는 경험은 그 깊이가 매우 깊어집니다. 일상의 경험을 특징짓는 '감각적인 경험'을 학교 언어(school language)를 통해 '일반화'하고 그것을 다시금 실제적이고 구체적인 상황으로 이동시키는 일을 쉽게 해낼 수 있도록 연습하는 일은 읽기 과정에서 대단히 중요합니다. 이는 쓰기에도 필수적으로 요구되는 연습 중 하나입니다. 이 연습을 제대로 해내기 위한 방법 중 하나가 앞서 언급했던 '예전의 방식으로 읽어 오던 세계를 다시 읽는' 것입니다. '세계 읽기'는 글 읽기에 선행하는 활동이자 일상생활의 사건이나 현상 같은 대상을 이해해 나가는 일과 관계된 활동입니다. 그리고 읽기는 텍스트를 이해하는 탐색 과정이자 그 텍스트 안에 포함되어 있는 사건이나 현상 같은 대상을 다루는 과정으로 기능함으로써, 우리가 그때까지 해 온 세계 읽기 방식이 어떤 길로 나아가야 하는지를 알려 줍니다. 저는 감각적인 경험에 기초하는 세계 읽기는 그것만으로는 충분하지 않다는 점을 분명히 해 두고자 합니다만 다른 한편으로는 일반화한 뒤 실제적인 것에 적용해 보는 추상적 세계 읽기에 비해 그런 세계 읽기가 하위의 것으로 일축되어서는 결코 안 된다는 점도 분명히 하고자 합니다.

한 학생의 이야기를 들려드릴까 합니다. 문해 교육과정에 참여한 북동부 지방 출신의 한 학생이 자신이 활동하고 있는 문화서클에서 열린 한 토론에 참여하고 있었습니다. 손수 점토 화병을 제작하는 어떤 이에 관한 코드화(codification)†•자료를 가지고 토론하고 있었지요. 즉 그 토론에서는 실제로 구체적인 현실 상황과 구체적인 문화를 가지고 일련의 코드화 '읽기' 활동을 하고 있었습니다.

그 문화서클의 구성원들은 문화에 대해 '이해'하기 위해 노력해 왔고 이미 문화의 개념과 특징에 대해서 잘 알고 있었습니다. 문화가 세계 읽기나 '글' 읽기의 특징을 만들어 낸다는 점을 말이지요. 그 학생은 자신이 해 온 경험에 관한 기억과, 점토로 화병을 만드는 일에 대해 가지고 있던 감각적 이해를 바탕으로 해서 어떤 이가 화병을 만든다면 그것은 생계를 꾸려 가기 위한 노동의 일종일 것이라고 보았습니다. 그리고 화병은 단지 하나의 사물이자 노동의 산물이며 판매됨으로써 그와 가족의 생계를 유지해 주는 수단일 것이라고 보았습니다.

그런 뒤 이제 그 학생은 감각적 경험을 넘어서 보다 근본적인 단계에 접어들었습니다. '일반화' 단계에 다다른 것입니다. 이 단계가 '학교 경험'의 특징입니다. 그 단계를 거치자 학생에게는 이제 점토를 이용해 화병을 만드는 일이 더 이상 생존 수단에 한정되지 않게 되었습니다. 점토 작업이 '문화'를 창조하고 '예술'을 창조하는 수단이기도 하다는 것을 알게 되었기 때문입니다. 이 과정을 통해 그 북동부 출신의 학생은 자신이 앞서 가지고 있던 세계 읽기 방식과 그 세계 속에서 일어나는 일상적 활동들에 대해 자신이 가지고 있던 읽기 방식을 되돌아보게 되었습니다. 그런 뒤 자랑스럽게 그리고 확실하게 말했습니다. "제가 문화를 만들어 나가고 있네요. 제가 만들어 나가고 있어요."

인간의 행동지능(intelligence of People's behavior)**의 입장에서 저도 이와 비슷한 경험을 한 적이 있습니다. 이 경험에 대해서는 이미 다른 글에서 언급한 적이 있기는 하지만 다시 다루어도 나쁘지 않을 것 같습니다.

아프리카 서해안의 기니만(Guinea灣)에 있는 상투메(São Tomé)섬에 머문 적이 있습니다. 그곳에 있는 교육자들과 함께 저는 문해교사 양

---

† [원주] 코드화, 세계 읽기, 단어에 대한 감각을 읽는 법, 분명한 보편적 지식, 배움과 가르침에 대해서는 다음의 제 저서를 참조하기 바랍니다. *Education as the Praxis of Freedom*(자유실천으로서의 교육) (Rio de Janeiro: Paz e Terra), *Education and Change*(교육과 변화) (Rio de Janeiro: Paz e Terra), *Cultural Action for Freedom*(자유를 위한 문화적 행동) (Rio de Janeiro: Paz e Terra), ***Pedagogy of the Oppressed*(억압받는 이들과 페다고지)** (Rio de Janeiro: Paz e Terra, 1970), ***Pedagogy of Hope: A Return to the Pedagogy of the Oppressed*(희망의 페다고지)** (Rio de Janeiro: Paz e Terra, 1992), *The Importance of the Reading Act*(읽기 행위의 중요성) (São Paulo: Cortez, 1992); Paulo Freire and Sergio Guimaraes, *About Education*(교육에 관하여) (Rio de Janeiro: Paz e Terra, 1987); Paulo Freire and Ira Shor, *Fear and Daring: The Educator's Day to-Day*(공포와 대담성: 교육자의 매일) (Rio de Janeiro: Paz e Terra); Paulo Freire and Donaldo Macedo, ***Literacy, Reading of the World, and Reading of the Word*(문해, 세계 읽기와 글 읽기)** (WestPort, Conn.: Bergin and Garvey, 1987); Paulo Freire and Marcio Campos, Reading of the World-Reading of the Word(세계 읽기-글 읽기), *Le Courrier de L'UNESCO* (February 1991).

※ 위에서 제목 번역문을 굵게 강조하여 표시한 책은 국내에 다음의 도서로 번역되어 있다. 역자 주.
  채광석 역(2007), 『교육과 의식화(개정판)』(서울: 중원문화) pp.121~148
  남경태 역(2002), 『페다고지』(서울: 그린비)
  강성훈, 문혜림 역(2020), 『희망의 페다고지』(서울: 오트르랩)
  허준 역(2014), 『문해교육: 파울로 프레이리의 글 읽기와 세계 읽기』(서울: 학이시습)

- 코드화(codification)는 프레이리 교육방법의 핵심으로 학습자가 현실에 대해 인식하고 세계 읽기를 해 나가도록 하기 위해 교육자가 학습자의 현실과 밀접하게 관련된 교육자료를 만들어 내는 원리를 가리킨다. 교육자는 학습자가 실제로 사용하는 언어나 학습자의 일상생활과 결부되어 있는 주제를 가공하여 학습자료를 만들고 학습자는 이 자료에 담겨 있는 바를 관찰하고 요소를 분석하고 요소 간 관계를 숙고함으로써 현실 상황을 떠올리고 현실에 대한 분석과 이해로 나아가게 된다.
- ** 인간의 행동지능(intelligence of People's behavior)이란 구체적인 현실에 직접 참여하고 실천하는 가운데 발현하는 지성이라고 할 수 있다. 이는 구체적인 행동과 실천은 모종의 대상에 대한 이해와 무관하지 않다는 점을 강조하며, 프레이리가 주장하는 이론-실천의 비분리성과도 연관된다.

성을 위한 첫 프로그램을 개발하였습니다.

  국가위원회에 의해 포르투몬트(Porto Mont)의 작은 어촌 마을이 프로그램의 거점 지역으로 정해져 있었습니다. 저는 현지 교사들에게 이론과 실천을 구분하는 전통적인 방식으로 연수 프로그램을 개발해서는 안 된다고 주장했습니다. '이론'의 중요성을 무시하고 소홀히 다루면서 '실천'만이 문제를 풀어갈 수 있는 유일한 수단이라고 지나치게 강조해서는 안 되며, 반대로 이론에만 집착한 나머지 실천을 간과해서도 안 되기 때문이었습니다. 저는 처음부터 이론과 실천 사이의 모순점을 직접적으로 다루는 연수 프로그램을 개발해 운영하고자 했습니다. 이 부분은 다른 편지에서 좀 더 깊이 분석하겠습니다.

  이런 이유 때문에 저는 미래 교사를 양성하는 프로그램에서 핵심이 되는 내용들을 이론적으로 먼저 소개하는 시간을 마련하는 것에 대해 반대했습니다. 무엇보다도 이는 교육 시간이 다른 사람 앞에서 이야기를 잘 할 줄 아는 사람들만의 몫으로 이미 정해져 있다는 것을 의미합니다.

  이는 제 신념과 달랐습니다. 저는 코드화나 탈코드화와 같은 핵심 개념들에 대해 토론하는 활동들이 하루아침에 연속적으로 전개되는 그런 상황에 대해 생각해 보았습니다. '프레젠테이션'이 진행되지만 그 프레젠테이션만으로 어떤 개념들을 숙달하는 데 부족함이 없을지에 대해서는 아주 조금도 고려되지 않은 채 그저 진행되는 데 그칠 것이 자명했습니다. 제가 볼 때 정말 필요한 것은 교사들이 문해교육 실천에 직접 참여하면서 비판적으로 토론해 보는 일이었습니다.

  결국 저의 이런 기본 취지가 받아들여졌고 실행되었습니다. 25명의 참가자로 구성된 문화서클 안에서 코드화에 관한 토론을 진행해 볼 것을 미래의 교사들에게 요청하였습니다. 문화서클 참가자들은 이 토론 활동이 교사의 전문성을 발달시키기 위한 활동이라는 점을 주지하고 있었습니다. 그들은 토론에 참여하기에 앞서, 교사들이 전문성을 개발하고자 노력하는 과정을 뒷받침하는 자신의 역할이 정치적으로 어떤 의미를 갖는지에 대해 토의하는 시간을 가졌고 이 시간을 통해 자신이 젊은 예비교사들이 전문성 있는 교사로 거듭나기 위한 과정에 동참한다는 점을 알게 되었습니다. 그리고 자신과 함께 토론할 예비교사들도 그들과 마찬가지로 지금 하려는 일과 비슷한 일은 이전에 전혀 해 본 적이 없다는 사실을 알게 되었습니다. 25명의 참가자들과 예비교사의 유일한 차이는 참가자들은 오로지 세계 읽기를 하고 있을 뿐인 반면, 예비교사들은 글 읽기 또한 하고 있다는 점이었습니다. 하지만 예비교사들 또한 이전에는 코드화에 대해 토론해 본 적이 전혀 없었고 문해교육을 실행해 본 적도 없었습니다.

하지만 토론을 진행하기에 앞서, 예비 교사들이 이미 알려진 사소한 실수들이나 오류들을 충분히 분석하게 함으로써 그들이 진행하는 토론에서는 그 오류들이 다시금 반복되는 일이 없도록 하였습니다. 그러자 이론은 예비교사들의 실행에 잘 녹아들어 발현되었습니다.

어느 오후 세션 때의 일입니다. 그 세션에서는 해변을 따라 작은 집들이 나란히 이어져 있고 물고기를 손에 들고 배에서 내리는 어부들의 고장인 포르투몬트의 코드화에 관하여 토론을 하던 중이었는데 토론 참가자들 가운데 두 사람이 마치 무슨 계획이라도 있는 것처럼 자리에서 일어서서 창문으로 걸어갔습니다. 그런 뒤, 저 멀리에 있는 포르투몬트를 바라보더니 그 마을의 모습에 대해 코드화한 자료를 읽으며 말했습니다. "그래, 이게 바로 지금까지 우리가 미처 보지 못했던 포르투몬트의 모습이야!"

그때까지 이들은 자신이 살아가는 현장과 개인적 일상에 대해 '읽기'를 해 오고 있었지만 그 읽기는 주로 어촌 마을이라는 맥락 속 '텍스트'에 밀착하여 이루어진 것이었습니다. 그래서 이들이 포르투몬트를 있는 그대로 '보는' 것은 지금까지 무척 어려울 수밖에 없었습니다. 어떤 둔감함이 포르투몬트를 가려 버렸던 것이죠. 그런데 얼마간 '거리를 두고' 포르투몬트의 '코드화'를 바라보는 시도를 하게 됨으로써 이들은 텍스트에 대한 새로운 읽기를 하게 된 것이었습니다. 즉 포르투몬트의 맥락을 보다 신뢰성 있게 읽을 수 있게 된 것이지요. 참가자들은 일정한 거리를 두고 포르투몬트의 코드화를 바라봄으로써 어촌 마을 포르투몬트의 맥락이라는 텍스트를 좀 더 세밀하게 인식하게 되었습니다. 그리고 이 새로운 읽기는 그들이 이전에 읽었던 세상을 다시 생각해 볼 수 있게 해 주었습니다. 그들이 "그래, 이게 바로 지금까지 우리가 미처 보지 못했던 포르투몬트의 모습이야!"라고 말할 수 있었던 것은 바로 이런 이유 때문이었습니다. 그때까지 토론 참가자들은 자신들의 현실 세상 속에 깊이 '빠져 있었기' 때문에, 자신들이 이미 빠져 있었던 현실의 모습은 '볼' 수 없었던 것입니다. 하지만 거리 두기를 통해 현실로부터 '벗어나기' 시작하면서 그 이전까지는 결코 볼 수 없었던 현실을 제대로 볼 수 있게 된 것이었습니다.

탐구한다는 것은 무엇인가를 규명한다는 것입니다. 탐구는 대상을 보다 정확히 '이해'하도록 돕고 대상들 간의 관계성 또한 깨닫게 해 줍니다. 이 사실은 앎을 추구하는 주체인 학습자에게는 위험을 감수하며 회피하지 않으려는 태도가 필요하다는 점을 시사합니다. 그런 태도 없이는 끊임없이 구성하고 재구성하는 탐구를 할 수가 없기 때문입니다.

그렇기 때문에 '가르침'은 학습자에게 모종의 지식을 단순히 전달하는 과정일 수 없습니다. 지식을 단순히 전달하는 일은 기계 같은 단순 암기식 교육을 통해 이뤄집니다. 이는 앞에서도 문제점으로 비판했던 바이지요. 비판적인 가르침과 비판적인 탐구는 연동되어 있습니다. 비판적인 가르침은 주도적으로 이해하고 이해한 바를 비판적으로 통찰하며 세상과 글을 비판적으로 읽는 태도, 즉 텍스트와 그 텍스트의 맥락을 비판적으로 읽는 노력을 요구하기 때문입니다.

글과 세계를 읽으며 이해하고 깨닫는 그 과정을 비판적으로 하기 위해서는 상대적으로 단순한 '무방비의' 순수한 언어들을 배제하지 않아야 합니다. 그런 언어들의 가치를 폄하하지 않아야 비판적 이해를 할 수 있습니다. 그 언어들이 일상 경험과 세계에 대한 감각적 경험을 바탕으로 한 것이기 때문입니다. 다른 한편으로는 '어려운 언어', 이해 불가능한 언어들이 사용된 개념들을 멀리해서도 안 됩니다. 비판적으로 글과 세계를 읽으며 이해하고 깨닫는 그 과정에서는 다양한 언어와 구문을 배제하지 않습니다. 그리고 그 과정에서는, 과학적이고 학술적인 언어를 사용하는 작가들이 보다 접근가능하고 더욱 명확하고 좀 더 단순하고 덜 폐쇄적이고 덜 어렵게 쓰도록 변하기 위해 노력해야 하는 건 맞지만 그들이 아주 단순해질 수는 없다는 점을 인정합니다.

읽고자 하는 사람이라면 누구도 당면한 텍스트가 어려워서 혹은 '인식론'과 같은 어떤 한 단어가 이해되지 않는다는 이유로 텍스트 읽기를 그만두면 안 됩니다.

담을 쌓아올리기 위해서 벽돌공이 여러 가지 도구와 장비를 필요로 하는 것과 마찬가지로 읽기의 주체인 학생들 역시 효과적인 읽기와 쓰기에 필요한 기본적인 도구들을 가지고 있어야 합니다. 읽기의 주체인 학생들에게는 어원사전, 동사활용사전, 명사와 형용사를 찾기 쉽게 만들어 놓은 사전, 철학사전, 동의어사전, 백과사전과 같은 다양한 사전†이 필요합니다. 이런 도구를 가지고서 학생들은 비슷한 주제를 다루지만 언어 복잡성 수준이 서로 다른 다양한 작가의 글을 가져와 텍스트들을 비교하며 읽는 활동을 해 나가야 합니다.

 도구들을 이용하는 것을 시간낭비로 여기는 사람들이 많지만 그렇게 여기면 안 됩니다. 읽고 쓰기를 함께 하든 아니면 쓰기와 읽기 가운데 어느 한 가지만 하든 단어사전이나 백과사전을 이용하는 데에 쓰는 시간은, 그리고 주제에 대해 보다 비판적으로 분석할 수 있도록 돕는 여러 텍스트의 어떤 장(章)이나 부분을 읽는 데에 쓰는 시간은 읽는 이 혹은 쓰는 이의 작업을 즐겁게 만들어 주는 근본적인 요소입니다.

 읽을 때에 우리는 저자에게 이 문장은 이런 의미이고 저 문장은 저런 의미라는 것을 주석으로 달아서 글을 아주 차근차근 이해할 수 있도록 설명해 달라고 요구하면 안 됩니다. 저자가 그들의 과업인 쓰는 일을 수행하고서 나아가 우리의 과업인 텍스트를 이해하는 일까지 맡아 수행해 줄 것을 기대할 권리는 우리에게 없습니다. 하물며 요구할 권리는 더욱 없습니다. 작가가 맡고 있는 의무는 독자가 좀 더 쉽게 이해하도록 하기 위해 간결하고 '가벼운' 글쓰기를 하는 일뿐입니다. 독자가 맡고 있는 영역 외에서 말입니다.

 읽고 있는 대상이나 탐구하고 있는 대상에 대한 독자의 이해는 갑자기 단숨에 기적적으로 일어나지 않습니다. 모름지기 이해란 읽고 탐구하는 행위의 주체인 그 독자가 부단한 노력을 들여 구축해 내는 것입니다. 다시 말하면 읽고 탐구하는 행위의 주체인 독자는 스스로 텍스트를 이해해 내는 그 과업을 완수하기 위해 적절한 도구를 찾아 쓸 수 있어야 합니다. 바로 이런 이유 때문에 '읽기'와 '탐구'는 인내심과 지구력을 요구하는 작업이며 도전 의식을 북돋우는 작업입니다. 읽기와 탐구는 성격이 너무 급하거나 겸손함이 부족한 탓에 자신의 결함을 저자에게 떠넘기며 저자 때문에 탐구를 할 수 없다고 비난하는 그런 사람들이 할 수 있는 일이 아닙니다.

책에 담긴 내용의 수준과 독자의 실제 발달 수준 간에는 모종의 관계가 필연적으로 존재한다는 것 또한 분명히 해 둘 필요가 있습니다. 책 내용의 수준과 독자의 발달 수준은 각각 작가와 독자의 지적 경험에 의해 결정됩니다. 그러니, 읽은 내용을 이해하는 일은 이 두 수준 간의 관계에 달려 있습니다. 양쪽이 너무나 멀리 떨어져 있어서 작가의 지적 경험 수준과 독자의 지적 경험 수준이 아무 관련도 맺지 못한다면 책에 담긴 내용을 '이해'하기 위한 독자의 어떤 노력도 결실을 맺기 어렵습니다. 그런 상황에서는 핵심 주제에 접근하는 데 꼭 필요한 논의를 대하는 저자의 관점과 그 논의에 꼭 필요한 언어를 이해하는 독자의 능력 간에 협응이 일어나지 않습니다. 그렇기 때문에 앎을 위해서는 우선 탐구라는 준비 과정이 필요한 것입니다. 따라서 탐구는 모든 것을 단번에 알고자 하는 게 아니라 지식을 습득할 '타이밍'을 만나고자 고군분투하는 이로 하여금 인내심을 가지게 하는 활동이자 하

---

† [원주] 저의 다른 책 *Pedagogy of Hope: A Return to the Pedagogy of the Oppressed*(Rio de Janeiro: Paz e Terra, 1992)를 참조하기 바랍니다. (국내에 『희망의 페다고지(강성훈, 문혜림 역, 2020)』로 번역되어 있다. 역자 주)

편으로는 조바심이 나게 하는 활동입니다.

　읽고 쓰는 활동을 효과적으로 수행하기 위하여 여러 가지 자료가 필요하다는 사실은 가격이 있는 단어사전이나 철학사전 같은 준비물을 구매할 경제적 능력이 교사와 학생 모두에게 문제가 될 수 있음을 시사합니다. 읽기와 쓰기 활동에 유용한 자료들을 활용할 가능성을 확보하는 것은 교사와 학생의 물적 권리입니다. 교사와 학생이 갖는 이런 권리에 상응하여 학교는 도서관과 같은 공간에 이런 자료들을 구비하여 교사와 학생이 이 자료들을 그들이 실제로 필요로 하는 시간에 충분히 활용할 수 있도록 할 의무를 집니다. 결국 읽기와 쓰기에 필요한 자료를 학교에 요구하는 것은 교사와 학생 모두의 권리이자 교사의 의무인 셈입니다.

　앞서 언급했던 읽기와 쓰기의 관계에 대해 다시금 논의해 보도록 하겠습니다. 읽기와 쓰기는 서로 분리될 수 없는 활동입니다. 읽기 그리고 쓰기 활동은 읽고 쓰는 것이 무언가를 위한 수단적 가치가 있음을 인식할 수 있도록 조직되어야 합니다. 또한 읽고 쓰는 활동은 레프 비고츠키(Lev S. Vygotsky)*가 강조한 것처럼 어린이들에게 그리고 우리 모두에게 꼭 필요한 활동임을 학습자가 인식할 수 있도록 조직되어야 합니다.†

　본래 구두(口頭) 표현이 쓰기에 선행하지만 인간이 상징과 기호를 통해 자신을 드러내고 자신의 꿈과 두려움과 사회적 경험과 희망과 행동에 대해 표현하기 시작한 이래로 글쓰기는 구두 표현을 망라해 왔습니다.

　우리는 '읽는' 방법을 배울 때에 우리보다 먼저 읽고 쓰는 방법을 터득한 이들이 써 놓은 글을 가지고 배웁니다. 글을 읽는 방법을 배우면서 곧 우리는 글을 쓸 준비를 하게 되는 셈입니다. 글은 사회적으로 구성된 말이기도 합니다.

문자 문화권(literate cultures)에서 읽기와 쓰기를 제대로 할 수 없다면 탐구하고, 앎을 추구하며, 세상 사물의 본질을 터득하고, 그 존재 이유를 비판적으로 깨닫는 일은 원천적으로 불가능에 가깝습니다.

읽고 쓰기를 처음 연습하고 익히기 시작하는 어린 시기부터 읽기와 쓰기는 이미 둘로 나뉜 채로 다뤄집니다. 이는 읽기, 쓰기 활동에서 흔히 범해지는 실수입니다. 뿐만 아니라 읽기와 쓰기를 보편적인 인간의 앎의 과정과 별개의 것으로 파악하는 경향이 있는데 이 또한 자주 범해지는 오류입니다. 읽기와 쓰기에 대한 이런 이분법적 구분이 영원히 지속되기 때문에 교사든, 학생이든 이러한 구분으로부터 자유로워지기란 무척 어려울 수밖에 없습니다. "정말 힘들게 겨우 보고서를 썼습니다. 전 못 쓰겠어요."와 같은 말을 제가 속한 대학원에 다니는 학생들도 흔히 합니다. 깊이 생각해 보면 이런 말은 가르치고 배우는 일의 의미에 대한 비판적 이해로부터 우리가 얼마나 멀리 떨어져 있는지에 대한 증언입니다.

우리는 말하고 읽고 쓰는 존재로서 사회적으로, 점진적으로, 그리고 부단하게 스스로를 능동적이고 의식적인 존재로 만들어 나가는 존

---

† [원주] Luis C. Moll, ed., *Vygotsky and Education: Instructional Implications and Applications of Sociohistorical Psychology*(비고츠키와 교육. 사회역사적 심리학의 교육적 의미와 적용), 1st paperback ed. (Cambridge and New York: Cambridge University Press, 1992).
- 비고츠키는 환경과 활동을 조직하고 제공하는 방식을 통해 행위자의 의식과 인지 발달을 이끌 수 있다고 보았다. 이와 같은 논리에서 프레이리 역시 읽기와 쓰기 활동으로 학습자 의식의 각성과 인지적 성장을 견인할 수 있다는 점을 강조하고 있다.

재이자 스스로를 형성해 나가는 존재라는 비판적 주인의식을 가져야 합니다. 다시 말하면 우리는 스스로가 단지 어떤 존재라는 막연한 인식에 머무르지 않고 프랑수아 자코브(François Jacob)의 표현대로 '학습하도록 프로그램화된'† 존재임을 충분히 파악해야 합니다. 그렇게 하기 위해서는 앎을 넓혀 나가는 방법을 터득해야만 하지요. 다시 말하자면 말을 받아들이고 다루는 능력과 글을 받아들이고 다루는 능력이 우리에게 똑같이 중요하다는 점을 다른 무엇보다도 잘 알아야 합니다.

우리에게는 탐구 대상이 있습니다. 우리가 가르치고 그 때문에 탐구 또한 해야 하는 대상들이 있습니다. 그러니 우리는 단지 텍스트를 읽는 데에 그치지 말고 읽은 내용과 관련하여 메모나 서평 등의 짧은 텍스트들을 만들어 낼 수 있어야 합니다. 우리는 좋은 소설가, 시인, 과학자, 철학자 들이 써 놓은 글을 읽어야 합니다. 이런 사람들은 모두 수려하면서도 단순하게, 그러면서도 명확하게 자신의 언어를 구사하고자 두려움 없이 노력했던 이들입니다.††

학생들이 처음 학교에 입학해서부터 읽기와 쓰기에 관해 좋은 경험을 가질 수 있다면, 그리고 학교를 다니는 학령기 내내 읽기와 쓰기에 관한 습관을 잘 유지해 갈 수 있다면 아마도 글을 쓸 줄 모른다고 말한다거나 좋은 글쓰기가 무엇인지에 대해 확신을 갖지 못한 학생을 대학원에서 만날 일은 거의 없을 것입니다.

탐구가 만약 우리에게 늘 '짐'처럼 여겨지지 않는다면, 또한 읽기가 반드시 해야만 하는 고된 활동이 아니라면, 반대로 탐구와 읽기가 우리에게 보다 나은 세상을 만드는 데 필요한 지식을 습득하는 계기이자 즐거움과 행복의 원천으로 여겨진다면 그건 우리 교육의 질적 수준이 아주 높다는 직접적인 증표일 것입니다.

탐구하며 읽는 법은 중등학교에서는 꼭 익히기 시작되어야 하고 문해 능력이 발달되는 시기에 집중적으로 교육되어야 합니다. 그리고 개인의 일생에 걸쳐 지속되어야 합니다.

장 피아제(Jean Piaget), 레프 비고츠키, 에밀리아 페레이로(Emilia Ferreiro), 마달레나 웨포트(Madalena F. Weffort)의 저작을 읽어 보는 것은 이론의 여지와 무관히 중요합니다. 뿐만 아니라 마리사 라졸로(Marisa Lajolo)와 에제키엘 다 실바(Ezequiel T. da Silva) 같은 전문가들의 저작도 읽어 둘 필요가 있습니다. 엄격하게 말하자면 이 둘은 문해의 문제를 직접적으로 다루었다고 보기는 어렵지만 읽기의 과정에 대해 이야기했기 때문입니다.†

읽기, 쓰기 그리고 생각하기가 서로 밀접하게 관련되어 있다고 생각하신다면, 그리고 이들의 관련성을 직접 체감해 볼 필요가 있다고 생각하신다면 일주일에 적어도 세 번 정도는 무언가를 쓰는 습관을 들여 보시기를 제안드립니다. 읽은 것에 대해 간단히 메모를 해도 좋고 언론 매체에서 보도한 사건에 대해 의견을 적어 보아도 좋고 모르는 이에게 편지를 써 보아도 좋습니다. 내용은 별로 중요하지 않습니

---

† [원주] François Jacob, Nous sommes programmé mais pour apprendre(우리는 학습하도록 프로그램화되어 있다), *Le Courrier de L'UNESCO* (February 1991).
†† [원주] 저의 다른 책 *Pedagogy of Hope: A Return to the Pedagogy of the Oppressed* (Rio de Janeiro: Paz e Terra, 1992)를 참조하기 바랍니다. (국내에 『희망의 페다고지(강성훈, 문혜림 역, 2020)』로 번역되어 있다. 역자 주)
• 프레이리가 이 문단에서 소개한 사람들 중 피아제와 비고츠키는 인간의 인지발달과정에 대해서 연구한 발달심리학자들이며, 페레이로는 아동 및 성인문해교육에 관한 연구를 해 온 아르헨티나 학자이다. 웨포트는 '관찰, 기록, 성찰'이라는 조사방법론 분야의 브라질 학자이며, 라졸로는 아동·청소년 문해교육 분야, 다 실바는 독서교육 분야의 브라질 학자이다.

다. 이렇게 쓴 글을 날짜별로 잘 정리해 놓은 다음, 몇 달이 지난 후에 자신이 쓴 글들을 스스로 비판적으로 분석해 보면 아주 좋습니다.

수영을 한 번도 해 보지 않은 사람이 수영을 할 수 없는 것처럼, 글을 써 본 적이 없는 사람이 글을 잘 쓸 수는 없습니다.

지금까지 저는 글을 대하는 방법이, 즉 대상을 읽는 방법이 한 사회의 물적 발달과 결부되어 있다고 강조하기는 했습니다만 제가 관념론적 입장을 취하지 않는다는 점을 강조해 말하고 싶습니다.

저는 역사에 대한 '기계론적(mechanistic)' 해석을 거부하는 것처럼 '관념론적(idealistic)' 해석도 거부합니다. 인류 역사에 대한 기계론적 해석이 사회의 물적 구조에 따라서 인간 의식의 양상이 영향을 받는다고 보는 입장이라면, 관념론적 해석은 역사의 발전이 모두 인간 의식의 절대적인 영향을 바탕으로 전개되었다는 입장입니다. 이러한 두 가지 입장과 달리, 저는 의식과 세계를 상호 변증법적인 관계로 이해하고 있습니다.†

올바르게 읽고 쓰는 문제를 우리 스스로가 직면하기도 전에, 환경과 조건의 물적 변화가 먼저 일어나기를 기다리는 것은 바람직하지 않습니다.

텍스트와 세상에 대한 비판적 읽기는 지금도 텍스트 안에서 그리고 세상 안에서 진행되고 있는 그 변화를 읽어 내는 작업인 것입니다.

---

† [원주] 이 부분에 대해서는 저의 다른 책 *Pedagogy of Hope: A Return to the Pedagogy of the Oppressed* (Rio de Janeiro: Paz e Terra, 1992)에서 더 자세히 다루었습니다. (국내에 「희망의 페다고지(강성훈, 문혜림 역, 2020)」로 번역되어 있다. 역자 주)

두 번째 편지

어려움을 두려워하며
무력해지지 맙시다

이번 편지는 어려움에 대하여, 즉 어려움이란 과연 무엇이며 어떤 점이 두려움을 촉발시키는지에 대하여 포괄적으로 이야기하며 시작하면 아주 좋을 것 같습니다.

우리는 무언가를 다루는 과정이 고통스럽거나, 그 과정에서 만만치 않은 난관에 직면할 때 그것이 어렵다고 말합니다. 그리고 '두려움(fear)'이란 *Aurélio Dictionary*(아우렐리오 사전)•에 나와 있는 정의에 따르면 "실재하는 위험이나 상상하는 위험을 명확히 인식하기 전에 느끼는 불안"을 뜻합니다. 우리는 폭풍이 몰려오는 날씨를 두려워합니다. 우리는 고독을 두려워합니다. 우리는 텍스트를 이해하는 과정에서 겪게 될 어려움을 이겨 내지 못할 것을 두려워합니다.

• *Aurélio Dictionary*(아우렐리오 사전)은 브라질에서 사용되는 포르투갈어 사전으로 Aurélio Buarque de Holanda Ferreira가 저술하여 1975년에 처음 출간되었고 2014년에 5판이 출간되었다.

어려움과 두려움은 언제나 연관되어 있습니다. 그러나 분명 어려움과 두려움의 관계에는 사람이 중요한 부분을 차지하고 있습니다. 어려운 일을 두려워하는 사람, 폭풍을 두려워하는 사람, 고독을 두려워하는 사람, 텍스트를 읽다가 넘어서기 힘든 어려움을 겪게 될 것 같다거나 텍스트를 읽고도 의미 있는 정보를 얻지 못할 것을 두려워하는 사람. 이런 주체들이 어려움과 두려움의 관계 속에 존재합니다.

두려움을 느끼는 '주체'와 그 '두려운' 상황이나 대상의 관계 속에는 또 다른 요소가 있습니다. 장애에 부딪쳐 두려움을 느낀 주체가 가지게 되는 '불안정한 상태'입니다. 두려움을 느낀 주체는 신체적인 힘이 부족하거나, 정서적 균형이 무너지거나, 실제와 상상을 논리적으로 인식하는 능력이 부족하여 이런 불안정한 상태에 놓이게 됩니다.

도사리고 있는 위험을 허구로 간주함으로써 위험에 대한 두려움을 부정하는 게 핵심이 아닙니다. 두려움 자체는 매우 구체적인 대상입니다. 진짜 핵심은 두려움으로 인하여 우리 자신이 스스로 어떤 노력을 하거나 투쟁하기를 포기한 채 무력한 상태에 빠져들지 않도록 막는 것입니다.

어떤 종류의 두려움이든 일단 두려운 마음이 들기 시작했다면 무엇보다도 첫 번째로 두려움의 실제 원인이 존재하는지를 객관적으로 파악해야 합니다. 두려움에 실제 원인이 존재한다면 두 번째로는 그 두려움의 원인을 완전히 극복해 내기 위한 모든 방안을 강구해 보아야 합니다. 만약 두려움의 원인이 되는 장애를 지금 당장은 충분히 넘어서기가 어렵다면 세 번째 단계에서는 나중에라도 이런 장애를 잘 이겨 내기 위해 지금 할 수 있는 일이 무엇인지를 판단해야 합니다.

'어려움'은 그 어려움에 대응하는 개인의 역량과 항상 직접적으로 관련되어 있다는 점을 강조해 보고자 합니다. 대응 능력에 대한 자기평가를 통해 이 역량을 짐작해 볼 수 있습니다. 사람들은 약한 수준의 두려움을 경험하기도 하고 자신이 느끼는 두려움을 미처 인식하지 못하는 경우도 있으며 스스로 감당할 만한 수준을 넘어서는 두려움에 압도되어 '패닉(panic)' 상태에 빠지기도 합니다. 패닉은 자신이 감당해야 하는 문제가 스스로 처리할 수 있는 수준을 넘어선다고 인식할 때 가지게 되는 무력감과 좌절감으로 가득 찬 마음 상태입니다. 예를 들어 저는 고독에 대해서는 두려움을 가지겠지만 제가 살고 있는 도시가 지진으로 큰 피해를 입는다면 패닉을 경험합니다.

이쯤에서 저는 텍스트를 이해하지 못할 것에 두려움을 가지는 그 경우에 대해 고찰해 보고자 합니다. 텍스트 이해는 교육의 일부인 발견(discovery) 과정을 진행하는 데 있어서 꼭 필요한 단계이지요. 저는 텍스트를 이해하려는 본격적인 시도조차 하기 전에 우리를 좌절시키고 무력화시키는 그 두려움에 주목하고자 합니다.

만약 어떤 텍스트를 접했는데 그 텍스트를 충분히 이해하기 위해서는 어느 정도의 고민과 노력이 필요하겠다는 생각이 들었다면 우선 다음과 같은 사항을 확인해 볼 필요가 있습니다.

- 자신이 가지고 있는 능력이 도전 과제의 수준에, 즉 텍스트 이해과정에서 부딪칠 어려움의 수준에 대처할 수 있는 수준인지 아닌지
- 자신이 가지고 있는 대처 능력이 그 도전 과제를 해결하는 데 필요한 능력보다 부족한지 그렇지 않은지
- 자신이 가지고 있는 대처 능력이 그 도전과제를 해결하는 데 필요한 능력을 넘어서는지 그렇지 않은지

자신의 능력이 도전 과제를 해결하는 데에, 즉 텍스트의 어려움을 해결하는 데 필요한 능력보다 부족하다고 해도 텍스트를 제대로 이해하지 못할 것을 두려워하거나 텍스트 자체를 해낼 수 없는 과제로 규정하지 말아야 합니다. 이런 식으로 꼼짝하지 못한 채로 그 텍스트를 버리는 일을 스스로에게 허락해서는 안 됩니다. 만약 자신의 텍스트 대처 능력이 어떤 텍스트를 이해하는 데 필요한 능력보다 부족하다면 자신에게 도움을 줄 수 있는 사람들을 찾아보아야 합니다. 읽기 과제를 제시한 이에 국한되지 말고, 그 과제 해결을 어렵게 느끼게 하는 자신의 한계점의 일부라도 극복할 수 있도록 도와 줄 수 있는 사람들을 찾아 나서야 합니다. 때로는 자신의 수준을 한 단계 끌어올려 주는 다른 텍스트를 읽어 선행 경험을 갖추면 어려움이 해결되는 경우도 있습니다.

텍스트를 이해하는 탐구 과정에 있어서 범할 수 있는 치명적인 실수 중에 하나는 우리가 직면한 첫 번째 장애물 이전으로 돌아가려는 것입니다. 교사든 학생이든 이런 실수로부터 자유롭지 못합니다. 이런 퇴행은 탐구 과제를 완수하기 위해 애써야 하는 사람들이 그 책임을 받아들이지 않게 하는 실수를 낳습니다.

탐구란 그 과정 속에서 고통, 즐거움, 성취, 실패, 회의, 행복과 같은 다양한 감정을 모두 맛보게 되는 상당히 수고스러운 작업입니다. 그렇기 때문에 탐구를 하려면 무엇보다 스스로를 엄격하게 단련하는 규율이 발달되어 있어야 합니다. 하지만 어느 누구도 다른 누군가에게 스스로를 다스리는 규율을 심어 줄 수는 없습니다. 누군가 그런 시도를 한다면 그는 개인이 그런 규율을 발달시켜 나가는 데에 있어서 교육자의 역할이 무엇인지를 전혀 알고 있지 못하다는 것을 드러낼 따름입니다. 어떤 경우에든 우리는 스스로를 규율하고 단련하는 일의 주체가 되거나, 그 규율을 단순 부속물로 여기는 사람 둘 중 하나가 됩니다. 우리는 끝까지 즐겁게 탐구하며 탐구를 긴요하고 기쁜 일로 여길 수도 있고, 탐구를 단순한 짐으로 여겨 첫 번째 샛길을 만나자마자 그만둬 버릴 수도 있습니다.

스스로를 단련하는 규율을 받아들여 갈수록 우리는 이 규율을 위협하는 요인들을 극복해 나가는 능력을 점점 더 강화시킬 수 있습니다. 효과적으로 탐구하는 능력 또한 점점 더 강화해 갈 수 있습니다.

이 규율을 위협하는 요인 중에 한 가지를 예로 들자면 단어사전, 백과사전 등과 같은 참고자료들을 사용하지 않으려는 경향을 꼽을 수 있습니다. 보조적인 자료를 참고하려는 습관과 태도는 탐구와 같은 지적 규율에 언제나 동반되어야 합니다. 참고자료 없이 탐구하는 게 어려운 상황일수록 참고자료를 더 많이 활용하려는 자세를 가져야 합니다.

텍스트를 이해하는 과정을 성공적으로 해내지 못할 거라는 두려움이 자기 자신을 꼼짝하지 못하게 하도록 그대로 둔다면 이는 첫 번째 전투를 회피하는 것입니다. 여기에서 딱 한발만 더 나가면 작가가 글을 이해할 수 없게 썼다고 비난하기에 이릅니다.

진지한 탐구과정을 위협하는 또 다른 요인은 바로 텍스트에 대해 이해한 바를 제대로 검증하지 않은 채 그저 일단 이해한 바대로 텍스트의 의미를 '규정'해 버리는 것입니다. 이는 텍스트의 어려움을 극복하려 하기보다 우선 피하고 보려는 자세에 따른 것이며 그 가운데서도 가장 부정적인 형태입니다.

자신이 읽은 내용 중에 이해하지 못하는 부분이 있다고 해서 부끄러워할 이유는 전혀 없습니다. 하지만 텍스트에서 이해가 되지 않은 그 부분이 전체 내용 가운데 핵심이 되는 중요 부분일 수도 있는데, 정말 그 부분이 전체 텍스트에서 그렇게 중요한 부분인지를 분별할 수 있는 관점을 가지고 있기 위해서라도 당면한 어려움을 피하지 말고 잘 극복해야 합니다.

탐구와 읽기란 그 행위가 우리를 어디로 데리고 가는지에 대해 전혀 신경을 쓰지 않은 채 텍스트를 구성하고 있는 문장, 구문, 단어 들을 한가로이 훑어보는 단순한 행위가 아니라는 점은 아무리 반복해 생각하시더라도 과하지 않습니다.

고단하면서도 동시에 즐거운 과정인 탐구를 성공적으로 완수하는 데 작용하는 또 다른 위협 요인은 읽는 도중에 텍스트를 버리고 자기만의 상상에 빠지게 하는 어떤 유혹입니다. 이 유혹은 우리 앞에 항상 놓여 있으며 제가 앞서 언급했던 규율 능력의 결핍에 기인한 것입니다. 읽을 책을 앞에 두고 앉더라도 그저 기계적으로 읽는 데 그치는 경우가 있습니다. 몸은 책 앞에 있지만 마음은 멀리 열대 휴양지에 가 있는 셈이지요. 이런 방식으로는 탐구를 제대로 할 수 없습니다.

독자의 호기심에 딱 맞아 떨어지게 쓰인 텍스트는 매우 드물다는 사실을 우리는 미리 명심해 두어야 합니다. 또한 호기심을 가지고 있다고 해서 모든 경우에 텍스트에 담긴 진실과 미스터리와 그 텍스트의 약점 모두를 꿰뚫어 볼 수 있는 것도 아닙니다. 호기심 중에서도 오직 인식론적 호기심만이 텍스트에 담겨 있는 것들을 밝혀낼 수 있습니다. 인식론적 호기심이란 텍스트의 의미를 드러내려는 의도를 가지고 즐거운 마음으로 '접근'하는 태도이자 텍스트가 다루는 대상으로부터 일정한 거리를 유지하는 태도입니다. 하지만 이런 근원적인 호기심은 텍스트에 담겨 있는 것들을 밝혀내는 출발점이 될 뿐 이것만으로는 충분하지 않습니다. 인식론적 호기심을 가지고 텍스트에 접근해 검토하면서, 텍스트에 몰입해 자기 자신을 내려놓고 그 텍스트에 자신을 내맡겨야 합니다. 이렇게 하기 위해서는 '과학주의(scientism)'가 우리에게 주입해 온 몇몇 두려움들 역시 피해야 합니다. 예를 들어 우리는 감정이나 바람이 우리의 객관성을 훼손할 것이라는 두려움을 가지고 있습니다. 하지만 누군가가 무언가를 안다는 것은 그 대상을 총체적인 자아로서 아는 것입니다. 그 대상이 무엇인지를 막론하고 말입니다. 비판적인 정신으로써 그 대상을 알 뿐 아니라 느낌으로, 직관으로, 감정으로도 압니다. 우리가 하지 말아야 하는 것은 앎에 감정을 개입시키는 게 아닙니다. 앎을 그저 감정의 수준에서, 직관의 수준에서 멈추는 일입니다. 직관의 대상을 진지하고 엄격한 탐구의 영역에 두어야 합니다. 이런 태도는 감정이나 직관을 경시하는 태도와는 전혀 다릅니다.

텍스트를 읽는 것은 독자와 텍스트 간에 벌어지는 '거래(transaction)'● 과정으로, 독자와 작가를 매개하는 활동입니다. 또한 독자가 저자의 정신에 위배되지 않기 위해 결연한 노력을 기울이며 텍스트를 '다시 쓰는', 독자와 작가의 '공동 구성(composition)' 과정입니다. 그러니 텍

● 상호작용(interaction)과 달리 거래(transaction) 과정이라는 표현은 두 주체의 관계가 지속되는 가운데 나타나는 두 주체의 '변화'에 주목한 표현이다. 예컨대 한 사람이 다른 사람에게 물건을 판매하고 그 대가로 금전적 소득을 올린다고 했을 때, 이 거래 과정에 있어서 물건을 판매한 사람에게는 소득이 증가하는 변화가 생기고 물건을 구매한 사람에게는 보유 물품이 늘어나는 변화가 일어난다. 여기서 프레이리가 텍스트를 읽는 행위를 독자와 텍스트 사이의 거래 과정으로 표현한 까닭도 마찬가지이다. 텍스트 읽기를 통해서 독자는 새로운 창조자 역할을 하는 존재로 변모하며 텍스트는 독자와 작가의 공동구성 과정을 통해서 이전에 없던 새로운 의미를 드러낸다.

스트를 비판적으로 이해하려는 노력이 빠진 채로는 이런 읽기 과정을 기본적으로 해낼 수 없습니다. 텍스트를 비판적으로 이해하려면 텍스트를 접하는 과정에서 행여 느낄 수 있는 두려움을 스스로 이겨 내야 하는데 이는 앞서 제가 언급했던 자기규율의 능력을 점진적으로 발달시켜 가는 과정 속에서 이뤄 낼 수 있습니다. 자기규율에 주목하십시오. 자기규율 능력은 읽기 행위와 관련되어 있기 때문에 쓰기 행위와도 관련되어 있습니다. 글을 써 본 경험도 없이 잘 읽을 수 있다든가 반대로 글을 읽어 본 경험이 없이도 잘 쓸 수 있다든가 하는 일은 애당초 불가능합니다.

또 다른 중요한 측면이 있습니다. 텍스트의 '이해'라는 것은 텍스트의 각 페이지 내부에 맡겨져 있다거나 고정된 채 움직이지 않는 것이 아니며 단순히 독자에 의해 밝혀지기를 기다리고 있는 그런 게 아니라는 점입니다. 텍스트 이해가 만약 그런 것이라면 비판적 읽기를 독자가 자신이 읽은 내용을 '다시 쓰는' 과정이라고 이야기할 수 없을 겁니다. 텍스트 이해의 이 같은 특징이 독자로 하여금 자신이 읽은 텍스트의 '재창조' 이상의 역할을 하도록 도전 의식을 북돋습니다. 읽기란 독자와 작가가 텍스트를 '공동 구성'해 가는 과정이며 텍스트의 가장 심오한 의의는 독자의 창작에 있다고 제가 말씀드리는 이유가 바로 여기에 있습니다. 이 점은 읽기를 할 때 타인과 대화를 나눌 필요성이 있다는 이야기로 우리를 이끌어 갑니다. 여러 독자가 모여 각자가 텍스트를 읽으며 생각했던 바에 대해 말하고 듣는 그 경험은, 읽은 내용에 대해 집단 차원의 이해를 생산하고 읽은 내용을 명확히 이해하여 깨우치게 합니다. 좀 더 깊이 들어가면, 함께 읽기는 독자들로 하여금 각자가 가지고 있는 서로 다른 '관점'을 확인하는 계기를 마련해 줍니다. 그리고 독자들은 서로의 다양한 관점에 노출될수록 텍스트를 보다 풍성하게 이해하게 됩니다.

저는 브라질 안팎에서 읽기와 관련한 경험을 많이 쌓아 왔는데, 그중에서 가장 좋았던 것은 텍스트를 중심으로 진행되는 읽기 모임을 운영하고 지원했던 일이었습니다.

읽기 모임을 운영하며 관찰한 바에 의하면 모임 참여자 각자가 책을 읽기 전에 가졌던 걱정이나 두려움은 모임 안에서 대체로 극복이 되는 편이었으며 참여자들은 텍스트의 '의미'를 단순히 발견하는 데에 그치지 않고 모임에서 그 '의미'를 자유롭게 '생산'해 내기를 시도했습니다.

참여자들은 읽기 모임을 준비하면서 일정 분량의 텍스트를 단어사전이나 백과사전과 같은 참고자료를 이용해 개별적으로 읽으며 나름의 이해를 형성하였습니다. 그리고 참여자들이 모여 작가가 이야기한 핵심을 쟁점으로 삼아 서로 다른 시각을 드러내며 대화함으로써, 읽은 내용에 대한 이해를 점진적으로 만들어 나갔습니다.

지금 제가 이야기하고 있는 것처럼, 제가 쓴 글도 독자들이 열성적인 자세로 끝까지 읽어 나가는 하나의 텍스트가 되었다는 사실을 알게 된다면 저는 한 명의 작가로서 단순히 흐뭇한 정도가 아니라 정말 하늘을 날아갈 것처럼 기쁠 것입니다. 모든 작가들이 진정으로 꿈꾸는 깃은 바로 독자들이 사신의 글을 읽고, 토론하고, 비평하며 보완할 점을 찾고, 그리고 그들만의 새로운 텍스트를 창출해 내는 모습임에 틀림없을 것입니다.

독자가 비판적 읽기를 통하여 텍스트의 의미를 생성해 가는 존재로 조금씩 변모해 가는 상황을 다시 생각해 보도록 합시다. 작가가 의도

한 의미를 해석하고 이해하는 데 있어서 독자가 '주체적으로 이해하는 역할'을 하면 할수록 독자는 텍스트를 읽으면서 그저 지식을 축적해 가는 존재에 머무르지 않고 지식을 새롭게 창출하는 존재가 됩니다.

모종의 대상에 관한 여러 개념을 외우는 게 아니라 그 대상 자체를 이해할 때에 그 대상에 대해 알게 되고 그 대상에 대한 지식을 만들어 나가게 됩니다. 독자가 글을 읽으면서 작가가 이야기하는 주제를 비판적 이해의 대상으로 삼을 때, 비로소 독자는 텍스트의 의미를 '아는' 사람이 되며 텍스트의 의미를 함께 지어 나가는 공동 저자가 되는 것입니다. 이런 과정을 거치면 이제 독자는 들은 것을 단순히 그대로 전하는 사람처럼 텍스트에 적힌 의미만을 해석하는 데 그치지 않을 것입니다. 텍스트를 계속해서 읽으며 그 의미를 따져 보고 또 따져 볼 것입니다. 그러면 텍스트는 이전에 있던 자리에 있지 않게 됩니다. 텍스트는 움직이지 않은 채 이해되기만을 가만히 기다리는 그런 대상이 아닙니다. 읽기라는 행위의 '어려움'과 '매력' 모두가 바로 여기에 있습니다.

안타깝게도 최근 학교 현장에서는 학생들이 텍스트를 앞에 두고 수동적인 자세를 갖는 분위기가 보편화되어 있습니다. 텍스트를 읽고 해석하는 연습이라 하면 거의 대부분 소리 내어 텍스트를 따라 읽는 방식으로 이루어지고 있지요. 이 과정에서 아이들은 자신이 읽은 것에 대해 상상하는 일이 별 도움이 되지 않는 것을 일찌감치 깨닫습니다. 아니, 오히려 여러 가지 가능성을 상상해 보려는 시도 자체가 일종의 죄악처럼, 해서는 안 되는 행동으로 받아들여지고 있습니다. 뿐만 아니라 아이들의 인지 능력은 왜곡된 방식으로 도전받고 있습니다.

우리 아이들은 책에서 접한 이야기를 스스로 상상의 날개를 펴서 재구성해 볼 기회도 갖지 못하며, 텍스트를 읽으며 알게 된 핵심 교훈을 자신이 처한 상황과 관련지어 볼 기회도 갖지 못하고 있습니다.

아이들이 상상, 느낌, 꿈, 그리고 말을 꾸며 보려는 의욕 같은 것들을 마음껏 살려서 자신이 읽은 이야기를 직접 다시 이야기해 볼 기회를 갖는 것은 텍스트를 보다 심오하게 이해할 수 있는 계기를 갖는 일입니다.

아이들이 가지고 있는 호기심과 의식적인 비판적 성찰을 일깨워 유지시키고자 하는 활동이 전혀, 거의 행해지지 않고 있습니다. 이렇다 보니 아이들로 하여금 텍스트를 읽게 하고 읽은 것을 직접 다시 써 보게 하는 활동이 아이들의 창조적 읽기에 절대적으로 필요하다고 할 수 있습니다.

학생 안에 있는 호기심은 교사에 의해 고무되어야 합니다. 호기심은 텍스트의 내용을 완전히 이해하는 데 결정적으로 이바지하며 결국 텍스트의 의미를 만들어 내는 근간이 되지요.

텍스트에 담긴 내용이 예컨대 사회적, 역사적 현실과 관련한 구체적인 사실이거나 생물학적 사실에 관한 것이라면 독자가 그 내용을 어떻게 해석하더라도 그 안에 담긴 구체적인 사실들이 부정되지는 않을 겁니다. 그러나 이것이 독자가 읽은 단어 하나하나를 암기해야 한다거나 저자의 담론을 기계적으로 반복해야 한다는 것을 의미하는 건 아닙니다. 이런 식의 읽기는 일종의 '은행 예금식'[†] 읽기와 같은데, 저

[†] [원주] 저의 다른 책 *Pedagogy of the Oppressed* (Rio de Janeiro: Paz e Terra, 1970)를 참조하기 바랍니다. (국내에 『페다고지(남경태 역, 2002)』로 번역되어 있다. 역자 주)

자가 텍스트에 담아 둔 내용을 독자가 마치 '영양 교사'의 도움을 받으며 '먹어 버리는'* 것에 지나지 않는 방식입니다.

저는 읽는 법에 대한 학습에 있어서 교사의 역할이 누구도 부정할 수 없을 만큼 중요하다고 주장합니다. 읽는 법에 대한 학습은 쓰는 법에 대한 학습과도 분리될 수 없으며 따라서 학습자들은 이를 배우는 데 꼭 몰입해야 합니다. 읽는 법을 학습하는 과정 중에 텍스트에 담겨 있는 내용을 주제별로 정리하고 구조화하는 활동†을 진행할 때에는 교사 혼자서 이 활동을 주도적으로 진행할 것이 아니라 학습자를 함께 참여시켜 진행해야 합니다. 작가가 전개해 둔 논의의 전반적인 흐름 속에서 텍스트의 세부 주제들이 서로 어떻게 연관되어 있는지를 학습자들이 밝혀 보게 해야 합니다. 또한 텍스트의 내용 가운데에서 어떤 부분이 인용 부분인지를 확인하고 이렇게 인용된 부분들이 텍스트 안에서 어떤 역할을 하는지 생각해 보는 일에도 학습자들이 관심을 기울이도록 해야 합니다. 뿐만 아니라 작가가 사용하는 언어 표현 가운데에서 두드러지게 나타나는 미적 순간(aesthetic moment)을 포착하여 밑줄을 긋거나 하는 식으로 강조하는 것도 학습자에게 중요합니다. 미적 순간을 포착한다는 것은 작가가 자신의 문장 구사력과 단어 구사력을 동원하여서 한 페이지에 같은 단어를 서너 번씩 불필요하게 반복하는 방식의 글쓰기를 훌륭하게 넘어선 그런 순간을 발견하는 것을 의미합니다.

제가 여러 차례 들은 바에 따르면 소설을 쓰는 작가든 다른 어떤 글을 쓰는 작가든 이를 가릴 필요 없이 두세 명 정도의 작가가 함께 모여서 학생 독자들에게 자신이 텍스트를 구성해 나간 경험을 이야기해 주는 것은 학생들에게 무척 유익합니다. 비록 이런 활동이 학교교육 상황에서는 실행되고 있지 않지만 말입니다. 학생들과 만난 자리에서 작가는 자신이 전체적인 글의 흐름 속에서 다양한 세부 주제들을 어떻게 다루고 구성하였으며 단어, 구문, 문장을 어떻게 사용했는지, 그리고 매끄럽게 표현하고 유려하게 서술하기 위해 어떤 노력을 기울였는지 등에 대해서 이야기합니다. 독자들이 상상하고 해석할 여지를 가지게 하기 위하여 정보를 글 안에 어느 정도까지 드러내 보여 줄 것인지에 대해 고민했던 일에 대해서도 이야기합니다. 또한 전체 이야기 안에서 시간 전환을 어떻게 풀어 나갔는지를 설명하고 최종적으로는 자신이 쓴 텍스트를 스스로는 어떻게 읽는지에 대해, 그리고 다른 작가의 텍스트는 어떻게 읽는지에 대해 이야기합니다.

그런 경험을 한 학습자들은 텍스트를 읽고 쓰는 과제를 점점 더 비판적으로 접근하며 실험해 갈 수 있게 됩니다. 또한 언어와 의사소통과 지식 생산이 구성되고 재구성되는 사회적 플롯(plots)에 대해 틀림없이 완전히 이해하게 됩니다.

---

† [원주] 저의 다른 책 *Cultural Action for Freedom and Other Works*(자유를 위한 문화 행동과 그 외 작업들) (Rio de Janeiro: Paz e Terra)을 참조하기 바랍니다.
• 아이들이 주어진 글의 의도와 논리를 그대로 받아들이도록 하는 교사의 읽기 교수 행위를 비판하기 위한 비유적 표현이다. 그런 읽기 교수 행위에서 교사는 영양 교사의 역할처럼 학생들이 먹어야 할 것을 분별해 제공하고 그것을 학생들이 그대로 온전히 흡수해 소화시키도록 통제하는 존재이며 학생은 그것을 그저 받아먹기만 하는 수동적인 존재일 뿐이라는 것을 강조해 드러냈다.

Letters to Those Who Dare Teach

세 번째 편지

다른 선택지가 없어
교사연수에 참여한다는 것

몇 년 전에 상파울루에 열렸던 한 교사연수의 참여자들을 대상으로 특강을 한 적이 있습니다. 그 당시에 저는 많은 참여자들로부터 지금 이 편지의 제목과 같은 말을 들었습니다. 별다른 선택지가 없어서 교사연수에 참여했다고 하더군요. 그리고 어떤 이들은 결혼을 할 적절한 때를 기다리면서 연수에 참여했다는 이야기를 하기도 했습니다.

　분명히 확신하건대 지금까지 제가 여러 차례 강조해 온 교육실천의 모습, 그리고 그 실천의 아름다움과 중요성은 이런 식의 두 가지 동기에 기반해서는 절대 이루어지지 않습니다. 일부 교사연수 프로그램이 책무성과 체계성이 결여돼 채로 일종의 '슬롯머신'처럼 운영되고 있는 것도 사실입니다. 그렇다고 해서 교사의 교육실천이 마치 비가 그칠 때까지 잠시 비를 피하는 일처럼 여겨져도 무방한 건 아닙니다. 처마 밑에서 비가 그치기를 기다리는 데에는 어떤 준비나 훈련이 필요하지 않습니다.

정반대입니다. 교육실천이란 무척 진지한 활동입니다. 교사로서 기본적으로 우리는 아동, 청소년, 성인에 이르는 사람을 대하는 존재입니다. 우리는 인간의 발달을 돕습니다. 우리는 인간의 발달을 도울 수도 있지만 발달을 지연시킬 수도 있습니다. 우리는 학습자의 부단한 자기 발견 과정에 개입하는 존재입니다. 교사인 우리가 실천 과정에서 학습자에게 보이는 무능력, 준비 부족, 무책임은 학습자가 성공적으로 발달하는 그 과정을 방해합니다. 하지만 교사로서 책임감을 갖고 치밀하게 준비하고, 제대로 가르치는 일의 즐거움을 깨달아 진정성을 가지고 불의에 맞서 투쟁하며 가르친다면 우리는 학습자들이 세상 속에서 점차 더욱 강인한 '존재'로 변모해 가는 데 공헌할 수 있는 사람들입니다.

무능력하고 무책임한 교사의 가르침을 받는 학생은 언제나 미숙하고, 반대로 최선을 다하는 유능한 교사의 가르침을 받는 학생은 자동적으로 능숙해진다고 말할 수 있는 건 아닙니다. 하지만 반드시 우리는 교육자의 역할을 자랑스럽게 여기며 보다 체계적이고 성실하게 가르칠 수 있도록 준비해야 합니다.

결혼을 할 적절한 때를 기다리면서 교사 연수 프로그램에 참여한다고 말하는 이들이 적지 않은 이 현상은 전문성을 갖춘 교사의 역할을 아이를 돌보는 부모와 같은 존재로 환원하고자 하는 바로 그 이데올로기와 발맞추며 그 이데올로기를 강화합니다.

교사들의 투쟁에 있어서 없어서는 안 되는 것이 있습니다. 바로 교사의 과업이 지닌 숭고함과 중요성에 대한 인식입니다. 교사들뿐만 아니라 우리 모두는 이런 인식을 분명히 구축해서 가지고 있어야 합니다. 이런 신념을 가지고 있지 않고서는 교사들의 투쟁은 급여 개선과 같은 문제에 머물거나 경멸에 맞서는 데 그치게 되며 그마저도 대부분 패배하기 마련입니다. 지금 저는 가르치는 과업을 중요하게 여기자고 주장하고 있지만 가르치는 일이 다른 어떤 것에 비하더라도 최고로 중요한 일이라고 이야기하고 있는 것은 아니라는 점을 분명히 말씀드리고 싶습니다. 가르치는 과업의 가치를 제대로 인식한다는 것은 교사들의 과업이 아주 근본적인 것이며 사실상 학생들이 이 사회를 살아가는 데 있어서 없어서는 안 되는 것이라는 점을 인식하는 것입니다. 그러므로 별다른 선택지가 없어서 교사 연수에 참여한다거나 하물며 결혼을 할 때까지 시간을 보낼 소일거리가 필요해서 교사 연수에 참여하는 일은 절대 있어서는 안 됩니다. 이런 마음가짐으로 교직을 대하는 사람은 가르치는 일을 그저 길을 가다 비를 피하기 위해 처마 밑에 잠시 들어선 경우와 별반 다르지 않게 여기는 사람입니다. 그러니 이런 경우에 해당하는 교사 대부분은 교직에서 부딪히는 갈등에 대응해 굳이 싸워야 할 이유를 알지 못하며, 교사로서의 전문성을 포기하고 단순히 아이들을 돌보는 부모와 같은 역할만 해도 별 문제가 없다고 여깁니다.

우리의 요구는 우리의 권리를 지키기 위한 투쟁을 훨씬 더 효과적으로 하기 위한 것입니다. 우리의 요구는 교사로서의 유능감을 느끼기 위한 것이며 우리가 수행하고 있는 과업에 대한 사회적, 정치적 중요성을 확인하기 위한 것입니다. 그리고 우리의 요구는 일련의 실제적 사실에 기인하고 있습니다. 예컨대 교사의 급여가 빈약한 이유는 단지 정부나 기업의 경제적, 재정적 상태가 양호하지 못하기 때문만은 아닙니다. 우리의 요구와 아주 밀접하게 관련되어 있는 것은 행정에 대한, 공적 비용을 다루는 방식에 대한, 조직의 계층에 대한, 지출의 우선순위에 대한 '식민지 시대적' 이해•입니다.

우리는 다음과 같은 주장을 이겨 내야 합니다. "노동조합에서 일하는 변호사들에게는 합리적인 임금인상을 시행할 수 있습니다. 그들은 60명 정도밖에 되지 않습니다. 하지만 교사들에게는 똑같이 할 수 없습니다. 교사들은 20,000명입니다." 저는 이 점에 대해 논쟁을 하고 싶지 않습니다. 우선 저는 교사가 중요한 존재인지 아닌지를 알고 싶습니다. 저는 교사의 급여가 불충분한지 아닌지, 교사의 과업이 없어도 되는 것인지 아닌지를 알고 싶습니다. 그리고 이런 질문의 중심에는 끈질긴 불관용(不寬容)의 태도를 간직한 교사가 있어야 하고 정치적 지혜를 갖춘 리더십을 바탕으로 한 어렵고 기나긴 투쟁이 있어야 합니다. 중요한 것은 우리에게 이미 익숙해져 버린 식민지 시대의 관습에 맞서 싸우는 것입니다. 우리는 교사라는 과업의 타당성을 반드시 옹호해야 합니다. 그리고 이 타당성은 점진적으로 하지만 빠른 속도로 우리 사회의 가장 일반적이며 분명한 지식의 한 층으로 편입되어야 합니다.

교사가 아이를 돌보는 부모와 같은 역할을 묵시적으로 수용하면 할수록 사회는 교직의 전문성을 부각시키려는 교사의 저항을 부적절한 행위로 간주하며 보모 같은 역할을 더 잘 수행하기를 요구할 것입니다.

반대로, 전문적 존재로서의 교사의 위상이 타당하다는 것을 사회가 인정하면 할수록 교사에 대한 지원과 배려는 더욱 커질 것입니다.

대중적이고 효과적이며 민주적이고 행복한 공교육을 지속적으로 만들어 나가기 위해 공교육을 책임지는 교사들이 정당한 보수를 받으며 좋은 연수기회에 지속적으로 참여할 수 있게 하기 위해서는 공립

학교와 교사들에게 국가적으로 더 많은 지원책을 마련하는 일이 시급합니다. 다시는 교사의 급여수준이 다른 공공기관의 장이나 관리자들과 비교했을 때 터무니없이 낮은 수준이 되지 않도록 해야 합니다.

새로운 밀레니엄을 앞두고 세계적으로 역사적으로 중요한 상황에 처해 있는 작금의 브라질에서 이 주제는 사회 전반적으로 그리고 근본적으로 다루어져야 합니다. 그럼으로써 스스로를 현대화를 추구하는 존재로 규정하면서도 실제로는 머리부터 발끝까지 철저히 식민지 시대적 사고방식에만 의존하는 무감각한 관료들의 행태를 흔들어 놓아야 합니다.

새로운 밀레니엄을 맞이할 준비를 하면서도 양적, 질적 결핍이 심각한 우리 교육현실을 새 시대의 전날 밤까지도 변함없이 유지한다는 것을 도저히 용납할 수가 없습니다. 때로는 기본적인 급여수준에도 미치지 못하는 월급을 받으면서 소외 지역에서 근무하는 수천 명의 교사들이 여전히 존재하는 상황에서는 도저히 새로운 밀레니엄을 맞이할 수가 없습니다. 희생과 사랑을 실천하는 지성인인 교사들이야말로 진정한 영웅입니다. 하지만 현실에서 이들은 소수 집권층으로부터 부당하게 무시받고 있습니다.

칼리뉴, 조제파스와 같은 이름으로 불리는 우리 주변의 8백만 아이들이 학교에 다니지 '못하고' 있으며 또 다른 수백만 명의 아이들은 '중도탈락자(dropouts)'로 지칭되며 학교로부터 '밀려나고' 있습니다.

- '식민지 시대적 이해'라는 표현은 식민지 시대의 정신적 잔재인 행정 제도의 역할과 위상, 공공 비용을 지출하는 방식과 범위, 그리고 지출 대상의 우선순위 등을 교사가 주체적 인식의 대상으로 여기지 못하고 사회 이데올로기와 담론에 의해 제한된 이해에 머물러 있는 상태를 가리키는 표현이다.

새로운 밀레니엄을 앞둔 마지막 10년을 이런 상태로 그대로 보낼 수는 없습니다. 더 이상 이런 상황이 지속되도록 해서는 안 됩니다.

브라질 국민들에게는 "우리가 독립하기 전까지는 이 땅에 제대로 된 교육제도가 전혀 없었다."라는 말이 과장된 표현으로 들리지 않습니다. 포르투갈 식민지 시기에는 대중교육 제도도 없었지만 문화적인 표현의 기회도 대부분 금지되어 있었지요. 브라질 황실(Royal Family)*이 건너오기 전까지는 인쇄소를 세우는 것조차도 불법이었으며 강력한 처벌 대상이었습니다.

"독립선언과 함께 새로운 독립국가가 된 브라질은 당시 여러 지방에 흩어져 있던 극소수 학교가 대중교육이라고 부를 수 있는 것의 전부일 정도로 나라 전체가 깊은 무지의 늪 속에 빠져 있음을 알게 되었다. 중등교육은 소위 '황실 계급'에 속하는 대상들에게만 이루어졌고 이 교육에서는 라틴어, 그리스어, 수사학, 합리론과 도덕 철학, 그리고 그 외 유사 주제들과 같이 현학적이고 매우 정제된 내용들만 가르쳤다. 책은 무척 귀했고 가장 수준 높은 사람들조차 책 읽는 습관을 가지고 있지 못했다."†

우리는 우리가 투표를 통해 선출한 인물들의 활동을 항상 관심을 가지고 지켜보아야 합니다. 지방자치단체, 주, 연방정부 어디에서 활동하는 인물인지를 막론하고 시장, 상원의원, 주지사, 대통령 모두를 지켜보아야 합니다. 이들이 가지고 있는 윤리 의식과 태도뿐만 아니라 이들이 보이는 행보, 판단, 의사표현, 의정활동 전반에 이르는 많은 부분을 주시해야 합니다. 그래야 이들이 우리에게 약속했던 사항을 잘 지켜 나가도록 우리가 견제할 수 있습니다. 그리고 이들에 대한 지지를 거듭 표현하기 전에는 이들의 활동을 냉정하고 엄격하게 평가해야 합니다. 이유가 있다면 선거에서 이들에 대한 지지를 철회하고, 그렇게 하게 된 우리의 입장과 의견을 표명할 수 있어야 합니다. 우리가 그런 역할을 자임해야 하는 가장 중요한 이유는 그렇게 행동함으로써 우리 스스로를 공적인 존재로 자리매김할 수 있기 때문입니다.

텔레비전을 포함한 여러 언론 매체에서 매일같이 보도하는 국가 재정의 낭비가 사라진다면 지금보다 훨씬 더 많은 자원이 교육 부문에 투입될 수 있을 것입니다. 우리 사회는 쓰레기 재활용에도 무심하고 공공용품을 하찮게 여기며 낭비합니다. 수백만 달러에 이르는 장비나 시설을 제대로 사용하지 않은 채 방치해 버리는 경우도 많습니다. 병원에서부터 시작해서 어린이집, 고가도로, 육교, 그리고 큰 빌딩에 이르는 시설들을 완공도 하지 않고 공사를 중단해 버려두기도 합니다. 그러면 이런 시설들은 고대 문명 유적지의 고고학 발굴 현장 같은 모습으로 방치됩니다. 대형 도매 시장에서는 수백만 달러어치의 과일과 채소가 버려지고 있습니다. 일상적으로 버려지는 이런 비용을 정확히 환산해 볼 필요가 있습니다. 낭비를 없앨 때 교육에 얼마나 더 투자할 수 있을지 그 여력을 체감해 볼 수 있기 때문입니다.

이런 상황에도 많은 교사가 스스로를 무력하다 느끼며 운명론적 태

---

† [원주] B. L. Berlinck, *Adverse Factors in Brazilian Education*(브라질 교육을 역행시키는 요인들) (São Paulo: IPSIS S/A)
● 브라질 황실(Royal Family)은 1822년 포르투갈에서 페드로 1세가 브라질로 건너와 스스로 황제에 오른 때부터 1889년 페드로 2세가 퇴위할 때까지 67년간 존속한 황실가문을 가리킨다. 1822년 9월 7일에 페드로 1세가 황제로 즉위하면서 브라질이 더 이상 포르투갈 식민지 통치를 받지 않는다는 선언을 하는데 이날이 바로 지금 브라질의 독립기념일이다.

도를 보이는 것은 과거 식민 통치의 적폐라 할 수 있는 권력자들의 독선과 행정 관료들의 오만 때문입니다. 이들의 독선과 오만은 많은 교사들의 정신적 의지를 약화시켰고 그 결과 교사들은 전문가로서 자신의 위상을 강조하기보다 아이를 돌보는 부모와 같은 역할만 감당하게 되었습니다. 그러니 앞서 말씀드렸던 것처럼 "결혼할 시기를 기다리며" 연수에 참여하는 교사의 태도 역시 권력자들의 독선적이고 오만한 태도의 영향으로 인해 만들어진 모습이라고 설명할 수 있습니다.

이런 상황에 실질적으로 대처하는 효과적인 방법은 조직적으로 정치투쟁을 하고, 노조가 기업적 시각에 물들지 않으려 노력하며, 분파주의적 입장을 이겨내고, 전통적 좌파 입장만을 고수하지 않으며, 포스트모던한 의제를 가지고 행동하는 진보정당과 더불어 압력을 행사하는 것입니다. 문제의 해결책에 장애물을 만들어 문제를 심화시킬 게 아니라 우리 자신이 운명론에 빠지지 않도록 하는 것이 정말 중요합니다.

분명한 사실은 교육과 관련한 문제들이 교육의 문제(pedagogical problems)만은 아니라는 점입니다. 교육에 관한 문제는 정치적, 윤리적, 그리고 재정적 차원에서의 접근이 필요한 문제입니다.

최근 텔레비전에서 한 논설위원이 진지하게 지적한 바에 따르면 최근 사회보장제도와 관련하여 재정적으로 물의를 일으킨 사건에 연루된 돈만 하더라도 저소득자들을 위한 주택 60만 채를 전국에 건설하는 데 충분한 액수였다고 합니다.

특정 분야에는 예산이 넉넉한 반면, 다른 분야에는 그렇지 못한 상황이 연출되는 이유는 지출 문제가 정치적 접근과 밀접하게 연관되어 있기 때문입니다. 예를 들어 빈민가에 거주하는 사람들의 생활여건을 개선하는 데 투입되는 예산은 충분하지 않지만 부유한 사람들이 거주하는 지역 두 곳을 잇는 대규모 터널을 공사하는 데 들어가는 예산은 부족한 적이 없습니다. 이는 기술공학 차원의 문제가 아닙니다. 정치적 선택의 문제입니다. 이런 문제들은 브라질 역사에 언제나 줄곧 있었습니다. 자카리아스 데 바스콘셀로스(Zacarias de Vasconselos)가 1852년에 처음 파라나(Paraná) 주지사가 되었을 때, 그는 하루 800헤알(réis)● 정도의 급여는 정말 말이 되지 않는다고 강조하면서 당시 초등학교 교사의 낮은 급여수준을 개선하기 위해 노력했습니다. 벌링크(B. L. Berlinck)는 이렇게 말했습니다.

"교직이 누구에게도 매력적으로 여겨지지 않는 지금의 상황은 교사들의 낮은 급여수준에 따른 결과입니다. 각 지방의 교육 책임자들이 계속해서 언급하는 바에 따르면 교사가 되려는 이들은 보통 다른 분야에서 별다른 소질을 보이지 않았던 사람들이라고 합니다. 브라질 국민들이 교육의 중요성을 충분히 인식하는 것이 무엇보다 시급한데 그 목표를 달성하는 데 있어서 무엇보다 방해가 되는 것은 교사들의 열악한 급여수준이 그대로 유지되고 있다는 사실입니다."†

저는 이제 교원노조가 급여인상과 근무환경 개선이라는 의제를 지금까지 유지해 온 것에 더하여, 장기적인 안목에서 새롭게 추구해야

---

† [원주] B. L. Berlinck, *Adverse Factors in Brazilian Education*(브라질 교육을 역행시키는 요인들) (São Paulo: IPSIS S/A)
● 헤알(réis)은 브라질의 화폐 단위로 1994년 화폐개혁을 통하여 기존에 사용하던 크루제이루 헤알이 현재의 브라질 헤알로 교체되었다. 본문의 헤알은 크루제이루 헤알이다.

할 사항들이 무엇일지에 대해 고민해야 한다고 믿습니다. 초등학교 교사의 급여와 다른 전문직 종사자 급여의 격차를 포함하여 국가와 지방정부의 공공비용 지출 기준과 관련 정책에 대한 면밀한 검토가 필요합니다. 일정 기간 근무한 후에 더해지는 상여금을 비롯하여 추가적인 세제 혜택 수준에 대한 분석도 필요합니다. 그리고 식민 통치 시기의 논리가 담겨 있는 급여 정책이 아닌 민주적 성격의 급여 정책에 대한 심도 있는 연구가 진행되도록 지원할 필요가 있습니다. 이런 연구는 한편으로는 교사의 전문성이 정당하게 대접받게 할 것이고 다른 한편으로는 문제가 되던 기존의 불평등을 해결할 것입니다.

경제 분야에서 인본주의 운동을 조직했던 르브레(Lebret) 신부가 1950년대에 브라질 헤시피(Recife)를 방문했을 때, 자신이 그동안 보아 온 수많은 것들 중에서 가장 충격적이었고 가장 놀랐던 것은 바로 기득권 계층과 소외 계층 사이의 엄청난 소득격차였다고 말한 바 있습니다. 소득 차이는 지금도 여전합니다. 하는 일의 중요성에 대한 논의는 차치하고서라도 기본적으로 공기업 기관장의 월급과 초등학교 교사 월급의 아주 심각한 불균형을 저는 이해하고 받아들이기가 쉽지 않습니다. 오늘의 공기업 기관장이 있기 위해서는 어제의 초등학교 선생님이 필요했다는 사실을 감안한다면 문제가 아닐 수 없습니다.

교사들에게 교사로서의 직분을 보다 충실하게 이행할 것을 요구하기 위해서는 브라질 사회 전반에서 교사의 전문성을 좀 더 높이 존중해야 합니다.

그러나 정치적 투쟁의 필요성에 대하여, 혹은 교사의 전문성이 발휘될 수 있는 공적이고 실제적인 조건을 분명히 해 둘 필요성에 대하여, 혹은 다른 전문직 종사자와의 급여 차이를 부각할 필요성 등에 대하여 소홀히 생각하며 변화를 기대하기만 하는 것은 너무도 순진한 접근입니다.

사회를 개혁하는 데 있어서 교육만이 가장 핵심적이고 궁극적인 수단이라고는 할 수 없습니다. 하지만 교육 없이 사회 개혁은 이루어질 수 없습니다.

잠재되어 있는 위험 요소들을 창조적인 방향으로 해결해 나가지 않으면서, 또한 끊임없이 국가를 변화시켜 나가는 과정에서 발생하는 불가피한 정서적 고충을 외면한 채로, 오직 지식에 대한 열정만으로 존재의 정당성을 주장할 수 있는 국가란 없습니다.

어떤 사회도 문화, 과학, 연구, 기술, 그리고 교육을 제대로 발달시켜 나가지 않으면서 스스로의 정당성을 주장할 수 없습니다. 그리고 이 모든 발달은 바로 초등학교에서부터 시작됩니다.

Letters to Those Who Dare Teach

네 번째 편지

보다 나은 진보적 교사가 되는 데 필요한 자질들

지금부터 저는 진보적인 교사에게 필요한 자질에 대해 이야기해 보고자 합니다. 그리고 이 자질들은 진보적인 교사가 구체적인 실천을 해 나가는 가운데 점진적으로 발달해 나간다는 점을 우선 분명히 해 두고 싶습니다. 진보적인 교사에게 필요한 자질은 교사의 역할이 중요하다는 일종의 정치적 판단을 바탕으로 행하는 실천 속에서 발달됩니다. 그렇기 때문에 지금부터 이야기하려는 교사의 자질은 우리가 태어날 때부터 가지고 태어나는 특성이나 재능도 아니고 법령에 의해 부여된 것도 아닙니다. 그리고 이 편지에서 지금부터 다루는 여러 자질은 각각의 가치나 중요성에 따라 순서를 정해 말씀드리는 게 아니라는 점을 말씀드립니다. 모든 자질은 진보적인 교육 실천을 하는 데에 똑같이 필요한 특성들입니다.

먼저 이야기하려는 자질은 '겸손(humility)'입니다. 겸손은 자존감 부족이나 체념이나 비겁함과는 거리가 멉니다. 반대로 겸손은 용기, 자신감, 자신과 타인 모두에 대한 존중에 그 바탕을 둡니다.

겸손하다면 다음과 같은 명백한 진리를 이해할 줄 압니다. 모든 것을 다 아는 사람은 없고 아무 것도 모르는 사람도 없습니다. 우리 모두는 알고 있는 것도 분명히 있지만 모르는 것도 있기 마련입니다. 겸손함이 없다면 사람들은 자신보다 능력이 떨어진다고 여기는 이가 내리는 판단을 존중하며 받아들이기가 매우 어렵습니다. 부족하다고 생각되는 사람들의 이야기를 경청하게 하는 자질이 겸손입니다. 겸손한 행동이란 생색을 내는 행동이어서도 안 되고, 겸손하기로 맹세했다는 이유로 겸손을 실천하는 것과도 다릅니다. 예컨대 "성모님께 약속드리오니 제가 보기에 중대한 문제만 아니라면 무례하며 무지한 학부모의 말도 귀 기울여 듣겠습니다."라고 맹세하고 그에 따라 행동하는 것은 겸손과 거리가 멉니다. 이는 겸손에 바탕을 둔 행동이 전혀 아닙니다. 우리에게 다가와 말하는 이의 이야기를 경청하는 행동은 인간으로서의 의무일 뿐입니다. 또한, 엘리트주의적 태도가 아닌 민주적 태도를 드러내 보이는 행동이지요.

사실 저는 자기 확신으로 가득 차 있는 오만하기 짝이 없는 사람이 어떻게 편견을 이겨 내야만 하는 민주주의의 이상을 지켜 나갈 수 있을지 도무지 모르겠습니다. 만약 누군가가 자신이 말하고 보는 것만 옳은 것이라 고집하고 본인 이외에 다른 무엇도 다른 누구도 그 사람을 감동시키거나 움직이도록 할 수 없다면 그는 어떻게 타인의 이야기를 경청하며 대화를 이어 갈 수 있을까요? 타인의 이야기를 듣다가 굴욕감이나 수치심이 들더라도 이를 겸허한 자세로 받아들일 수 있는 사람이야말로 언제든 가르치고 배울 준비가 된 사람입니다. 겸손은 우리가 자신만의 진리 안에 스스로 갇히지 않도록 해 주는 자질입니다. 이런 겸손함을 보조해 주는 것 중에 하나가 바로 '상식(common sense)'입니다. 상식을 통해서 우리는 너무나 익숙해져 버린 나머지 소홀히 지나치게 되는 자신의 모습을 되돌아볼 수 있습니다.

"당신은 지금 당신이 상대하고 있는 사람이 어떤 사람인지 모르지요."라는 식의 오만함, 그리고 모든 것을 알고 있는 양 자신의 지식을 드러내려는 현학적인 '자만심'은 겸손한 사람의 '차분함(tameness)'과는 거리가 멉니다. 겸손한 이의 차분함은 냉담함과는 다릅니다. 확신이라 부를 수 있는 범주 안에는 맹목적으로 믿는 확신이 아닌 불확실한 확신(uncertain certainty)의 상태가 존재하는 것처럼, 겸손함은 사람들의 불안정성에서 나오는 게 아니라 더 많이 아는 사람의 불안정한 안정성(insecure security)으로부터 나옵니다. 따라서 과도하게 자기 확신을 하는 그런 안정성이 아니라 불안정한 안정성을 바탕으로 하는 태도가 바로 겸손이 그 모습을 드러내는 여러 방식 중 하나입니다. 이와 반대로 권위주의적인 태도로 무장한 사람들은 자꾸만 편을 가르려고 하는 분파주의자(sectarians)입니다. 이들은 자신들이 알고 있는 것만이 유일한 진리라 여기며 자신들의 진리를 타인에게 일방적으로 전하려 합니다. 이들은 다른 사람들의 구원이 자신들의 진리에 달려 있다고 믿습니다. 이들은 자신들의 지식이 무지몽매함으로 인해 어두운 상태에 있는 다른 이들에게 빛을 밝게 '비춰 준다'고 생각하지만 이런 권위주의적인 이의 지식과 오만의 영향을 받는 이들은 결국 그 지식과 권위에 종속됩니다.

부모나 교사들의 권위주의에 대해 이야기해 보겠습니다. 많은 사람들이 생각하는 것처럼 아이들과 학생들은 때로는 다름 아닌 권위주의 때문에 제약이나 규율, 권위를 거부하는 '반항적'인 모습을 보입니다.

또한 아이들과 학생들은 권위주의로 인해서 모든 일에 무관심해지고 지나치게 순종적이 되며 무비판적으로 동조하는 모습을 보입니다. 그러면서 권위주의적인 대화나 일방적인 자기희생, 그리고 자유에 대한 두려움에 저항할 힘과 기회를 잃어버립니다.

권위주의로 인해 나타나는 다양한 반응에 대해 이야기했는데 제가 보기에는 권위주의로 인한 일련의 반응은 '기계적'인 방식으로는, 그렇게 편리한 방식으로는 나타나지 않습니다. 따라서 독단적인 방식으로 이루어지는 엄격한 지도를 아무 탈 없이 겪어 내는 아이들이 있을 수 있습니다. 하지만 그렇다고 해서 우리가 이런 가능성에 기대어 도박을 해도 된다거나 권위주의적이지 않은 존재가 되려는 노력을 게을리해도 되는 건 절대 아닙니다. 민주주의를 향한 우리의 꿈을 위해 노력을 들이는 일이 좀처럼 쉽지 않더라도, 성장하고 있는 우리 아이들과 학생들을 존중하는 마음으로 그것을 해내야 합니다.

학생들과의 관계에 있어서 교사에게는 겸손뿐만 아니라 다른 자질도 필요합니다. 바로 '사랑하는 태도(lovingness)'입니다. 이것이 없으면 교사의 어떤 행위도 아무 의미가 없습니다. 여기서 제가 말하는 사랑하는 태도란 학생을 대하는 교사의 태도에 대한 것이기도 하지만, 가르치는 일을 대하는 교사의 태도에 관한 것입니다. 트집 잡고자 하는 것은 아닙니다만 사실 저는 교사들이 시인 티아구 데 멜로(Tiago de Melo)의 표현처럼 "사랑으로 무장(armed love)"하지 않고서는 수많은 부정적 요소들 속에서 살아남기가 어렵다고 확신합니다. 사랑하는 태도 없이는 교사들은 적은 급여를 받으면서, 그리고 그 적은 액수로부터 짐작되는 정부의 교사에 대한 무시 속에서 살아남기가 어렵습니다. 아이를 돌보는 부모로서가 아니라, 소신을 가지고 노조를 결성해 투쟁하고 제재를 받기도 하면서도 학생에 대한 헌신을 포기하지 않는 그런 교사들을 업신여기는 정부의 불의한 태도 가운데에서 살아남는 일은 꽤 어렵습니다.

그렇기에 진실로 교사들은 '사랑으로 무장'해야 합니다. 그 사랑은 투쟁하고 비판하며 자신들의 투쟁을 널리 알릴 권리와 의무를 확신하는 사람들의 분투하는 사랑이어야 합니다. 이런 사랑이야말로 바로 진보적인 교육자에게 필요한 사랑이며 우리 모두가 반드시 배워야 할 사랑의 한 형태입니다.

말씀드린 이런 사랑의 태도로 인해 저는 싸움을 하고, 언제나 준비합니다. 사랑의 태도는 종종 제 자신 안에 그리고 저의 사회적 경험 안에 또 다른 덕목이 갖춰지기를 요구하는데 그것은 바로 '용기'라는 덕목입니다.

용기는 외부에서 찾을 수 있는 그런 덕목이 아닙니다. 그리고 용기는 자신이 가지고 있는 두려움을 이겨 내도록 하는 것이기에 기본적으로 두려움을 내포합니다.

우선 두려움이란 매우 구체적인 대상이라는 점을 분명히 하고자 합니다. 두려움은 결코 추상적인 대상이 아닙니다. 그리고 두 번째로, 두려움에 대해 이야기하는 것은 지극히 평범한 일입니다. 또한 우리가 두려움에 관해서 이야기할 때는 우리 자신이 내렸던 선택들을 명료화할 필요가 있습니다. 우리가 했던 선택을 구체적이고 명확하게 해 두는 이 과정은 그 자체가 두려움을 야기하는 구체적 경험 중 하나입니다.

본질적으로는 교육적 성격을 띠고 있지만 실질적으로는 정치적인 성격을 띠는 우리 교사의 선택과 꿈을 명료화하고, 우리가 교육자이기 이전에 정치적 대리인(political agent)이라는 점을 인식하면 할수록 자신이 두려움을 갖는 이유가 무엇인지를, 그리고 민주주의의 발전을 위해 얼마나 더 나아가야 하는지를 깨달을 수 있습니다. 또한 저는 학습자의 비판적 의식을 일깨우는 교육을 하기 위해서는 우리의 의식을 변형시키는 힘을 지닌 신화(myths)를 극복해야 한다고 생각합니다. 하지만 이런 신화에는 지배 권력과 이데올로기가 반영되어 있기 때문에 이에 맞서다 보면 필연적으로 지배 권력과 부딪치게 됩니다.

직장에서 해고되거나 승진에서 밀릴 때 느끼는 감정과 같은 구체적인 두려움을 마주하게 될 때 우리는 우선 두려움의 범위와 대상을 분명하게 규정할 필요가 있습니다. 그러면 두려움이란 자신이 현재 존재로서 살아있다는 증거임을 인식할 수 있을 것입니다. 두려움은 애써 감출 필요가 없습니다. 그리고 두려움이 자신을 무력화시키지 않도록 해야 합니다. 자신이 가지고 있는 정치적 꿈이 자신을 향한 위협을 약화시킬 수 있겠다는 확신이 든다면 그 꿈을 위해 싸워야 합니다. 말하자면 용기는 자신이 지닌 두려움을 제어할 필요를 실감할 때, 즉 두려움을 다스릴 때에 일어납니다.† 그러므로 한편으로는 두려움 자체를 부정하면 안 되고 다른 한편으로는 두려움에 굴복해서도 안 됩니다. 우리에게 필요한 용기는 바로 두려움을 다뤄 나가는 그 과정에서 일어나므로 우리는 반드시 두려움을 다스려 가야만 합니다.

그러므로 우리를 절망하게 하고 무력하게 만드는 두려움은 용기가 없어도 있을 수 있지만 두려움을 대면하고 억제하고 다스려 가면서 제 자신의 인간성을 '표현하는' 용기는 두려움 없이 있을 수 없습니다. 용기 없는 두려움은 있을 수 있지만 두려움 없는 용기란 있을 수 없습니다.

우리에게 필요한 또 다른 덕목은 '관용(tolerance)'입니다. 관용 없이는 어떤 진정한 교육도 가능하지 않으며 어떤 참된 민주주의도 경험할 수 없습니다. 또한 어떤 진보적 교육실천을 하더라도 관용 없이는 그 실천을 스스로 부정하는 셈이 됩니다. 관용은 관용적인 척하며 자신의 책임을 외면하는 그런 자세도 아닙니다.

관용의 자세란 참을 수 없는 것에 대해 굴종하는 그런 태도를 의미하는 게 아닙니다. 관용은 무례함을 눈감아 주는 것도 아니고 피해를 입힌 가해자를 그대로 봐주거나 가해 행위를 묵인하는 것도 아닙니다. 관용은 서로 다른 특성을 가진 존재인 우리가 더불어 살아가도록 이끌어 주는 덕목입니다. 관용은 자신과는 다른 대상을 존중하고 그로부터 무언가를 배울 수 있도록 이끌어 줍니다.

얼핏 보면 관용이 일종의 호의와 같은 것으로 보일 수 있습니다. 자신과 반대되는 것처럼 보여서 별로 바람직하지 않다고 여기는 대상을 자신이 수용하고 '용인'하는 것처럼 보이도록 정중하고 사려 깊은 방식으로 행동하는 것이 관용에 기인한 것으로 비칠 수 있고, 혐오스럽게 여기는 대상과의 공존을 세련되고 품위 있는 행동으로 애써 수긍하는 것이 관용에 따른 것으로 보일 수도 있습니다. 하지만 이런 태도는 위선이지 관용이라 할 수 없습니다. 위선은 그릇된 태도입니다. 위선은 타인에 대한 비하를 바탕에 둡니다. 관용은 미덕입니다. 관용적인 태도로 살아가려면 관용의 덕목을 그대로 품어 안아야 합니다. 관용은 우선 우리가 역사적 존재라는 점에 부합하는 덕목이며 두 번째

---

† [원주] 저와 Ira Shor(아이라 쇼어)가 공저한 책 *Medo e Ousadia, o Cotidiano do Professor*(두려움과 대담함, 가르치는 이의 일상)을 참조하기 바랍니다.

로는 우리의 민주적인 정치적 선택에 부합하는 덕목입니다. 자신과는 다른 대상과 공존하고자 하는 미덕인 관용을 기본 원칙으로 두는 그런 경험을 하지 않은 누군가가 과연 민주적일 수 있을까요? 도저히 상상하기 어렵습니다.

관용의 자질은 어느 누구도 책임지지 않으려는 분위기에서는 길러지지 않습니다. 이런 분위기에서는 민주주의도 성장할 수 없습니다. 분명한 제한사항과 훌륭한 원칙들이 있어야만 관용적 행동이 있을 수 있습니다. 따라서 관용은 인내하지 못하는 태도와 공존할 수 없습니다. 권위가 남용되는 권위주의적 체제나 자유가 절제되지 않는 방임적 체제에서는 관용의 자질을 기르기가 무척 어렵습니다. 관용은 존중, 규율, 윤리를 필요로 합니다. 성, 인종, 계급 차원의 편견에 사로잡힌 권위주의적인 사람들은 무엇보다도 먼저 자신의 편견을 깨지 않고서는 관용적인 존재가 결코 될 수 없습니다. 이런 까닭으로, 말과 행동이 일치하지 않는 편협한 사람들이 역설하는 '진보적' 주장은 거짓된 주장일 수밖에 없습니다. 또한 과학주의를 신봉하는 사람들도 과학을 '절대적 진리'로 맹신하기 때문에 마찬가지로 관용적이기 어렵습니다. 이들은 과학적으로 해명되지 않은 것은 그것이 무엇이든 중요하지 않으며 오직 과학만이 확실성을 보장해 준다고 믿습니다. 과학 자체에 대한 불신을 조장해서는 안 되지만 과학주의에 너무 빠져 있는 사람이라면 관용적일 수 없습니다.

진보적인 교육자가 되고자 하는 우리가 가꿔 나가야 할 또 다른 자질로 '결단력', '안정성', '인내심과 조바심' 간의 긴장, 그리고 '삶을 즐겁게 대하는 태도'를 덧붙이고자 합니다.

결정을 하는 능력은 우리의 교육 활동에 절대적으로 필요합니다. 결단력(decisiveness)이라는 어려운 덕목을 학생들에게 가르치기 위해서는 교사가 먼저 그 결정하는 능력을 보여 줄 수 있어야 합니다. 결정을 한다는 것은 자유로운 선택만큼이나 어렵습니다. 구별되고 대비되는 대상, 논지, 사람들을 비교하여 적절한 타협점을 찾는 과정 없이는 할 수 없는 행위가 바로 결정입니다. 그러므로 무언가를 결정하는 과정에는 가능한 한 여러 측면과 사람, 입장 들을 비교하고 그 가운데에서 하나를 추려 내는 일종의 면밀한 평가가 수반됩니다. 이런 평가를 통해 도출한 모든 결과는 최종적인 선택을 하는 일에, 즉 결정을 내리는 데에 도움이 됩니다.

결정을 한다는 것은 어떤 부분에서는 결렬이 이루어짐을 의미하기에 항상 쉽게 해낼 수 있지는 않을 겁니다. 그러나 아무리 어렵다고 하더라도 이미 익숙해진 상태에 균열을 가하지 않고서는 어떤 결정도 할 수가 없습니다.

교육자에게 결핍되어 있을 수 있는 것들 중 하나가 바로 결정 능력입니다. 교사가 주저하고 망설이며 '결정하지 못하는 태도'를 보이면 학생들은 이를 도덕적 나약함이나 전문성 부족으로 인식합니다. 민주적 교육자라면 민주적 환경을 조장한다는 이유로 자신을 없는 존재처럼 만들어서는 안 됩니다. 비록 교사가 학생들의 삶을 전적으로 책임질 수는 없더라도, 일련의 결정을 내려야 할 때에 책임지지 않는 모습을 보이며 민주주의의 뒤에 숨어서는 안 됩니다. 물론 자의적으로 결정해서도 안 됩니다. 예를 들어, 교사가 권위를 가지고 있으면서도 자신의 책임과 의무를 감당하지 않으면서 자유방임에 빠진 권위적 인물처럼 행동한다면 이는 권위를 남용하는 경우보다 더 암울합니다.

당면한 문제를 분석하고 이를 토대로 학생들과 함께 토의하여 의사

결정을 내리는 민주적 교육 실천 사례들이 많이 있습니다. 어떤 결정이 필요하고 그 결정이 교육자의 전문성 범위 안에 있을 때, 교사가 행동하지 않고 이를 등한시해도 될 이유는 어디에도 없습니다.

주저하고 망설이며 결정하지 못하는 태도는 자신감이 부족하다는 사실을 드러내는 것입니다. 자신감은 학교 교실, 가정, 각종 기관, 단체들, 회사, 정부 어디에서든 자리에 책임을 지고 주도적인 역할을 해야 하는 사람이라면 누구든 필수적으로 갖추어야 하는 태도임이 분명합니다.

한편, 안정성(security)과 자신감을 가지기 위해서는 과학적 역량, 정치적 선명성, 그리고 윤리적 진실성(ethical integrity)이 우리에게 필요합니다.

자신의 행위를 과학적으로 해명할 수 있는 논리 없이는 자신의 행위를 안정적인 것으로 여길 수가 없습니다. 자신의 행위가 무엇에 관한 것이고 왜 이루어졌으며 어떤 결과를 가져올 것인지에 대한 최소한의 고려조차 하지 않은 상황이라면 역시 스스로의 행위에 안정성이 있다고 생각하기 어려울 것입니다. 이는 우리가 헌신을 하고자 할 때에도 마찬가지입니다. 누구를 혹은 무엇을 옹호하는 것인지, 또 누구와 혹은 무엇과 대립하는 것인지를 알아야 안정성을 가질 수 있습니다. 또한 자신의 행위에 안정성이 있다 확신하기 위해서는 스스로가 진심어린 행동이라 여길 수 있는 행위를 해야 합니다. 다른 사람들을 난처한 상황에 빠지게 하여 이들의 품위에 손상을 주는 식의 행위로는 안정성을 가질 수 없습니다. 교육자가 그런 윤리적 무책임과 냉소적 태도를 보인다면 이는 스스로 이런 능력을 제대로 익히지 못한 무능력한 상태라는 사실만 드러낼 뿐입니다. 학생들을 독려하기 위해서는 교육자는 꼭 안정적인 규율에 따라 교육을 해야 하는데, 교육자의 능력이 반영되는 이 규율은 학습자에게 점차로 드러나 보이게 됩니다. 이 규율은 학생들에게 급작스럽게 한꺼번에 전달할 수 있는 게 아닙니다. 이 규율은 조용하고 겸손하게 전달됩니다. 또한 이 규율은 교육자가 확신을 가지고 명료하고 단호한 권위를 실천하는 일과도 모순 없이 어울립니다.

그러나 교육자가 끊임없이 정의를 추구하는 취향이 부족하다면 이 중에 어떤 것도 제대로 구현될 수 없습니다. 교사가 특정 학생에 더 큰 관심을 갖고 좋아하는 데에는 수없이 많은 사정이 있습니다. 어느 누구도 이를 제지할 수는 없습니다. 이는 교사의 권리입니다. 다만 교사는 어느 특정 학생을 선호한 나머지 다른 학생들의 권리를 무시하거나 간과해서는 절대로 안 됩니다.

진보적인 교육자에게 결코 없어서는 안 될 또 다른 기본적 자질이 있습니다. 그것은 바로 서로 대비되는 '인내심(patience)'과 '조바심(impatience)' 사이에서 중용을 지키는 지혜입니다. '인내심'이나 '조바심' 어느 하나만 필요하지 않습니다. 교육자에게 인내심만 있다면 교육자는 자신이 가지고 있는 민주주의를 향한 꿈마저 포기하는 소극적이고 체념적인 입장이 될 수 있습니다. 인내심만 있다면 역동성을 잃어버리고 무력해지기만 합니다. 반대로 조바심만 있으면 교육자는 실천에만 맹목적으로 몰두하게 되어 행동을 위한 행동만을 하고, 행동의 여러 층위라고 할 수 있는 전략과 전술을 제대로 구분해 인식하기 어려워집니다. 인내심만 있다면 교육자의 실천이 가볍고 비효과적인 것이 되어 교육목표를 효과적으로 달성하기 어렵습니다. 또한 미성숙한 조바심은 교육자가 자신을 역사의 주인으로 보는 오만한 태도를 갖게끔 하여 교육실천의 성공을 위협합니다. 조급함 없이 인내심만 가지고 있다면 오직 불평만 하게 될 것이며 인내심 없이 조급함만 가지고 있다면 책임감 없는 행동만 하게 됩니다.

어느 한쪽을 결여한 채로 다른 한쪽의 자질을 발휘하는 것이 아니라 두 가지 자질의 긴장관계를 유지하며 살아가는 것이 바로 우리가 가져야 할 미덕입니다. 교육자는 조바심을 내면서도 인내심을 가져야 하며 둘 중 어느 것도 그대로 포기해서는 안 됩니다.

존재 방식과 활동 방식에 있어서 이런 균형을 조화롭게 맞춰 가고자 할 때 우리는 '언어적 절제(verbal parsimony)'라 부를 수 있는 또 하나의 자질에 대해서도 생각해야 합니다. 언어적 절제는 인내심과 조바심 간의 준용이 원리를 내포합니다. 조바심의 자질을 잃지 않으면서 인내하는 사람들은 적절한 언어적 표현을 구사할 줄 압니다. 이들은 용인될 수 있는 언어적 표현 수준을 넘는 법이 거의 없으면서도 적극적인 대화의 자세도 잃지 않습니다. 인내심을 발휘하는 사람들은 당연히 화를 낼 법한 일도 억제하며 진중히 자신의 화나 불만을 다스려 차분히 표현합니다. 반면에 조바심을 제어할 줄 모르는 사람들은 제대로 걸러지지 않은 표현들을 대화 중에 아무렇지 않게 내뱉곤 합니다. 인내심을 가지고 대화를 하는 사람은 언제나 '예의를 갖추고 정돈되어 있는' 반면, 참을 줄 모르고 조바심을 내는 사람은 용인하기 어려운 수위의 과격한 표현을 실제 대화 상황에서도 절제하지 못합니다.

하지만 지나치게 통제된 대화와 전혀 통제되지 않은 대화 모두는 현재의 어떤 문제 상황이 그대로 유지되도록 할 따름입니다. 지나치게 통제된 대화는 현재 상태의 요구에 미치지 못하는 반면, 전혀 통제되지 않은 대화는 현재 상태의 요구를 과도하게 넘어서 버립니다.

오직 인내만 하는 교사는 깊은 인정을 가지고 자애롭게 소통하는 교실 대화를 만들어 나가기 위해서 무엇이든 해도 괜찮다고, 정말 거의 무엇이든 해도 괜찮다고 학생들에게 말합니다. 이런 분위기는 거의 무제한에 가까운 인내를 기반으로 합니다. 그래서 예민하고 오만하고, 절제되지 않고, 비현실적이고, 방만한 대화가 일어나는 때에도 결국 그 대화는 결론도 없고 어떤 책임도 지지 않는 상태로 빠져드는 데 그칩니다.

이런 식의 대화는 학생들을 교육하는 데 결코 도움이 되지 않습니다.

한편, 평소에는 굉장히 절제된 태도로 대화를 잘 하다가도 가끔씩 흥분을 하는 이들도 있습니다. 이들은 처음에는 절대적인 인내심을 보이지만 어느 순간엔가 갑작스럽게 조바심을 내면서 주위 사람 모두를 불안한 분위기 속으로 빠뜨려 언제나 나쁜 영향을 미치고야 맙니다.

수없이 많은 부모들이 이렇게 행동합니다. 오늘은 허용적인 태도로 이야기하지만 내일은 정반대로 돌아서곤 합니다. 자녀에 대한 부모의 이런 권위적인 훈계로 인해 나타나는 보편적인 현상은 자녀가 겁을 먹고 위축되는 모습을 보이는 것입니다. 뿐만 아니라 무엇보다도 자녀가 회의감을 가지게 됩니다. 부모의 이런 과도한 행동은 아이들이 키워야 할 정서적 안정을 저해합니다. 사랑하는 마음만으로는 충분하지 않습니다. 사랑하는 방법을 터득해야 합니다.

진보적인 교사가 가져야 할 자질들에 대해 이제까지 이야기했던 것이 그다지 충분하지 못했다고 생각합니다만, 민주적 교육실천에 있어서 기본 덕목이 되는 '삶을 즐겁게 대하는 태도(joy of living)'에 대한 논의를 간략하게 덧붙이고자 합니다.

죽음에 대해 생각하기보다는 삶에 온전히 투신한다면 삶의 즐거움을 자유롭게 맛볼 수 있으며, 그럼으로써 슬픔의 이유를 애써 감추어야 할 필요도 없어지게 됩니다. 삶을 즐겁게 대하는 태도는 우리로 하여금 학교에서 즐겁게 지낼 수 있도록 준비하게 해 줍니다. 죽음을 부정하거나 삶을 신화화하려는 뜻은 없다는 말씀을 드리고 싶습니다.

겸손, 사랑의 태도, 용기, 관용, 결단력, 인내와 조바심의 중용, 언어적 절제 등의 자질을 가지고서 사소한 실수나 오해 들을 넘어서기 위해 우리가 기꺼이 애를 쓰는 것과 별개로, 무엇보다도 우리는 행복하고 즐거운 학교를 만드는 데 공헌할 수 있어야 합니다. 우리는 학교를 계속해서 도전하고 위협을 두려워하지 않으며 포기를 거부하는 모험의 공간으로 만들어 나가야 합니다. 학교는 생각하는 곳입니다. 학교는 참여하는 곳입니다. 학교는 새롭게 창조하는 곳입니다. 학교는 표현하는 곳입니다. 학교는 사랑하는 곳입니다. 학교는 궁리하는 곳입니다. 학교는 적극적으로 삶을 품어 안으며 삶에 대해 긍정하는 곳입니다. 학교는 그저 잠자코 조용히 머물다 떠나는 곳이 아닙니다.

정부의 무시와 반민주적인 권력의 독선에 기인한 난관들을 넘어서는 쉬운 방법이 있습니다. 운명론의 굴레를 과감히 벗어던져 버리는 것입니다.

"내가 할 수 있는 게 뭘까요? 나를 교사라고 부르든 보모라고 부르든 호칭과는 상관없이 여전히 나는 적은 월급을 주고 등한시해도 되는 사소한 존재로 대접받고 있는데……." 이런 태도를 가진다면 현실적으로 가장 편할 것입니다. 하지만 이는 투쟁을 회피하고 역사를 외면하는 태도입니다. 갈등을 외면하고 삶의 존엄한 가치를 폄하하는 태도입니다. 투쟁과 갈등 없이는 인간과 삶의 진정한 존재가치가 사라져 버립니다. 갈등은 우리의 양심과 함께합니다.† 갈등을 부정하면 우리는 가장 현실적인 일들을, 즉 사회적 삶 가운데에서 생생하게 겪고 있는 일들의 현재성을 무시하게 됩니다. 갈등을 애써 외면하는 모습은 곧 현재 상태를 유지하려는 모습입니다.

따라서 저는 교육자들이 내부에 상존하는 다양한 이해와 관심사를 결집하여 스스로의 권익을 보호하는 것, 그 외에는 다른 대안을 찾지 못하겠습니다. 교육자들이 챙겨야 할 권리에는 자유롭게 가르칠 권리, 자신의 의사를 표현할 권리, 보다 나은 교육조건을 누릴 권리, 유급 학습휴가를 누릴 권리, 단결할 권리, 불이익의 위협 없이 권력집단을 비판할 권리(물론 진실된 비판을 할 의무가 있습니다.), 생존을 위해 불가피하게 거짓을 말해야만 하는 상황에 처하지 않으며 언제나 진지하게 일관성을 유지할 의무가 자신에게 있음을 주장할 권리가 포함됩니다.

우리는 이러한 권리들을 단순히 알고 있는 데 그칠 것이 아니라, 이를 존중받으며 행사할 수 있도록 싸워야 합니다. 가끔은 노동조합으로 함께 연대해서 싸울 필요도 있고 좌파든 우파든 조합의 리더십이 지나치게 분파적인 경우에는 그러한 리더십에 대항하여 비판과 투쟁을 전개할 수 있어야 합니다. 뿐만 아니라 자칭 진보적이라고 하는 전통주의자나 스스로를 역사의 정점에 서 있는 존재로 여기는 신자유주의자들, 그리고 그밖에도 적폐와 같은 숱한 이들이 뿜어내는 사악한 분노에 맞서 진보적으로 제도를 실행하고 관리하는 이로서 우리는 싸울 필요가 있습니다.

---

† [원주] Moacir Gadotti(모아시르 가도티)의 저서들, 그리고 저와 Sergio Guimarães(서지오 기마러스)가 공저한 책 *Pedagogy: Dialogue and Conflict*(페다고지: 대화와 갈등)을 참조하기 바랍니다.

Letters to Those Who Dare Teach

다섯 번째 편지

교사 첫날

지금부터 하려는 이야기는 그저 자유롭게 늘어놓는 이야기가 아니라 제가 정말 중요하다고 여기기 때문에 꺼내는 이야기입니다. 이 편지에서는 초임 교사들뿐만 아니라 경력이 있는 교사들도 부딪히는 그런 문제를 주제로 삼아 주목해 보고자 합니다. 교사라면 이 편지에서 다루는 문제에 대해 한 번쯤은 스스로 자기만의 답을 찾을 필요가 있다고 생각합니다. 그렇다고 제가 지적할 모든 문제와 어려움에 대한 '답'을 제가 이 편지에 내놓을 수 있는 것은 아니라는 말씀을 드립니다. 하지만 제가 가지고 있는 경험과 구조적인 지식으로부터 몇 가지 유용한 제안 정도는 도출할 수 있으리라 생각합니다. 이 편지를 쓰면서, 나아가 이 책을 쓰면서 다루었던 다양한 주제에 대해 저 스스로가 완전한 진실을 가지고 있다는 그런 관념에 만약 제가 빠져 있었다면 저는 지식이 생산되는 과정에 대해 제가 가지고 있던 생각을 스스로 저버린 셈입니다. 지식이란 사회적으로 만들어지는 것이며 그 생산 과정은 언제나 열려 있고 끝이 정해지지 않아 잠정적이라는 그 생각 말입니다. 그렇다고, 가르치는 역할을 하고자 준비하는 분들이나 이미 교육 실천에 몸담고 계신 분들의 전문성이 발달되는 데에 제가 전혀 기여할 수 없다는 생각을 가지고 있었다면 저는 이 책을 쓰지 않았을 겁니다. 쓸모가 없다고 생각했을 테니까요.

제가 '보편적이고 절대적인 진실'을 가지고 있는 것은 아니지만 이 책에는 '진실'이 담겨 있습니다. 그 진실들이 독자 여러분들로 하여금 자신이 가지고 있던 입장에 이의를 제기하고 질문을 던지게 하기를 저는 꿈꿉니다. 독자 여러분이 벌일 비판적인 대화에 그 진실들이 관여하게 될 것입니다. 그간의 실천과 그 실천에 영향을 미친 이론에 대한 여러분의 이해와 저의 분서가 모두 함께 준거로 작용하면서 말입니다. 저는 결코 제가 이 책에서 하는 이야기들을 독자 여러분이 그대로 받아들여야 한다고 생각하며 책을 쓰지 않았습니다. 앞선 편지에서 제가 독자의 역할에 대해 굉장히 강조했던 것도 이 때문입니다. 독자는 텍스트의 의미를 생산하는 존재입니다. 아마도 이 책의 독자 여러분은 제가 강조한 이런 독자의 역할을 거부하지 않으리라 생각합니다.

덧붙여 미리 밝혀 두고자 합니다. 이제부터 다룰 여러 주제를 다각적으로 논의하다 보면 앞서 이미 지적했던 사항을 재차 언급하게 될 때도 있을 것입니다. 이런 경우에는 이미 했던 이야기를 단순히 반복하는 게 아니라 독자들이 좀 더 명료하게 이해할 수 있는 계기가 되도록 최선을 다해 보겠습니다.

지금부터 저는 교사가 되어 처음으로 학생들을 만나게 된 한 교사가 처할 수 있는 상황에서부터 이야기를 시작해 보려 합니다.

교사가 되어 학교에 부임한 첫날에 불안감, 어색함, 갑갑함 같은 감정을 느끼지 않기는 어려울 것입니다. 특히 교사가 자신이 불안정하다는 것을 생각하지 못한 채로 그 상황에 놓인다거나, 자신이 업무를 제대로 수행해 내지 못할 것을 혹은 곤경을 피하기 어려울 것을 '두려워'하고 있다면 더욱 그럴 것입니다. 게다가 교실에서 구체적인 상황들을 직면하다 보면 지금까지 배워 온 이론들이 그 상황들과 어떤 관련성도 없어 보인다는 점 또한 그저 놀라울 따름일 것입니다. 사실 이미 공부한 이론과 당면한 상황을 잘 따져 보면 연결고리가 전혀 없지는 않을 것이지만 불안감에 짓눌린 나머지 교사는 당황하고 혼란스럽고 어떻게 대처하면 좋을지 모르는 상황에 놓이게 될 것입니다.

사실 두려움을 가질 권리가 있습니다. 하지만 이는 두려움을 길들이고, 직면하고, 극복해야 할 의무에 상응하는 권리입니다. 두려움을 외면하지 않고 직면한다는 것은 두려운 마음이 생기는 이유를 따져 보면서 두려움의 원인이 무엇이고 그 원인을 직접 풀어 갈 자신의 능력이 어느 정도인지를 가늠하는 것을 의미합니다. 두려움을 직면하는 것은 두려움을 숨기지 않는 것입니다. 이것이야말로 두려움을 이겨내는 유일한 해법입니다.

지금까지 살아오며 실제로 저는 어떤 범위 내에서 제 자신의 생각과 감정을 솔직하게 드러냈을 때 손해를 본 적이 없습니다. 두려움을 느끼는 상황에서 제가 생각하는 최선의 행동요령은 솔직한 감정을 그대로 직시하고, 거짓된 자신감이 담긴 이야기를 늘어놓지 않는 것입니다. 그런 행동은 매우 진실하지 못한 것이며 자신의 나약함을 드러내 보일 따름입니다. 자신이 유한한 인간이라는 점을 분명히 하면서 그 순간에 느끼는 바를 그대로 학생들에게 말하는 것이 최선의 방법입니다. 다시 말하면 교사 역시 두려워할 권리가 있음을 학생들에게 보여 주는 것입니다. 학생들과 마찬가지로 교사들에게도 두려워할 권리가 있습니다. 교육자는 결코 상처받지 않는 존재가 아닙니다. 교육자도 학생들과 똑같은 인간입니다. 교사가 자신의 두려움을 이겨 낼 능력이 없다는 사실은 교육자로서의 자질에 반하지만 교사가 그 두려움을 감당한다면 반하지 않습니다. 학생들과 함께하는 첫날에 초임교사가 불안정한 심리상태를 가지고 있을 수 있다는 것을 이미 알고 있는 학생들 앞에서 교사가 두려움을 느끼는 것은 지극히 자연스러운 모습입니다.

 자신이 지닌 두려움이나 불안감에 대해 이야기함으로써 교육자들은 서서히 두려움과 불안을 극복해 나갈 겁니다. 이와 동시에 그들은 학습자들의 신뢰도 서서히 얻어 갈 겁니다. 두려움을 숨기기 위해 '권위주의적'인 방식으로 가장하더라도 학생들은 이를 금세 알아차립니다. 교사는 두려움을 애써 숨기기보다는 겸손하게 인정하는 편이 낫습니다. 자신의 느낌과 감정을 솔직하게 이야기함으로써 교사도 인간이라는 점, 그리고 교사도 학생들과 더불어서 배우려는 의지를 지닌 존재라는 점을 보여 줄 수 있습니다. 교사가 학생들 앞에서 그리고 자신의 두려움 앞에서 가져야 할 진정한 자세는 겸손한 마음에서 우러나는 평화로운 마음의 상태를 지켜 내는 것입니다. 이런 교사의 자세를 갖기 위해서는 사람에 대한 믿음과, 민주주의를 일관되게 선택하는 일의 가치에 대한 믿음이 필요합니다. 순진한 믿음이 아니라 비판적인 믿음 말입니다. 엘리트주의적이고 권위주의적인 교사는 대중이 거리로 뛰어나와 저항하기 때문에 민주주의가 퇴보한다고 생각하는 이들과 마찬가지로 두려움에 대한 겸손한 태도를 단지 비겁한 태도로 여길 뿐 절대로 이해하지 못합니다. 두려움에 맞서는 것이야말로 두려움을 '용기'로 바꾸는 첫걸음이 분명한데도 말입니다.

교직에 들어선 초임 교사의 초기 경험에 있어서 피할 수 없는 또 다른 과제가 있습니다. 학생들로 구성되어 있는 학급을 '읽는' 것입니다. 마치 해석해야 할 하나의 텍스트처럼 말입니다. 만약 이제까지의 교사 양성 프로그램에서 이를 다루지 않았다면 지금부터라도 교사 양성 프로그램에서는 이를 가장 실제적인 방식으로, 가장 집중적으로 다루어야 합니다.

초임 교사는 학생들에게서 관찰할 수 있는 모든 것에 주의를 기울여야 합니다. 끊임없는 자세 변화, 놀란 듯한 눈빛, 자기들끼리 어울리다가도 순간적으로 보이는 다소 과격한 행동과 같이 학생들이 보이는 사소한 행동 어떤 것도 무심코 넘겨서는 안 됩니다.

중산층 출신의 초임 교사가 도시 외곽의 낙후된 지역에 위치한 학교에서 학생들을 가르치다 보면 그곳 학생들이 가지고 있는 성향이나 가치라든가 그곳 학생들이 주로 사용하는 언어 표현, 이야기 방식, 독특한 구문과 같은 모든 것으로부터 충격을 받고 놀랄 수 있습니다. 학생들이 보이는 일련의 특성이 교사 자신이 지닌 특성과 완전히 대비되는 것처럼 느껴지기 때문입니다. 그럼에도 불구하고 교사는 학생들의 말과 글에 드러나는 표현 태도와 습관, 아이들끼리의 놀이와 다툼에 내재되어 있는 규칙을 이해할 필요가 있습니다. 이 모든 것이 '문화 정체성'의 일부입니다. 문화 정체성에는 계급적 요소가 다분히 내포되어 있습니다. 교사는 학생들의 모든 것을 있는 그대로 인정해야 합니다. 학생들이 자신이 민주적으로 인정받고 있다는 사실을 알게 되는 경우에, 그리고 자신이 문법적으로는 틀린 방식으로 "I be" 하고 말하지만 그렇게 말할 권리를 존중받고 있다는 사실을 알게 되는 오직 그 경우에만 학생들은 지배적인 문법 규칙에 따르자면 "I am"이 올바른 표현임을 배울 준비를 온전히 마친 셈입니다.

교실을 일종의 텍스트처럼 '읽는' 데에 필요한 지적 훈련을 하기 위해서는 습관을 기르는 것이 좋습니다. 단순히 의무적으로 할 것이 아니라 즐거운 마음가짐을 가지고 학생들이 사용하는 언어 구문이나 의미들, 그리고 우호적일 때와 거부할 때에 학생들이 나타내 보이는 제스처와 같은 행동 반응을 매일 기록해 보는 것입니다. 학생들에게도 일종의 게임처럼 이렇게 관찰해 볼 것을 권하지 못할 특별한 이유가 과연 있을까요? 학생들 역시도 그들만의 언어 구사력을 가지고서 교사와 친구들이 보이는 제스처, 말, 유머, 행동을 관찰해 보게 하는 것이지요. 어쩌면 2주에 한 번씩은 평가 세미나 같은 자리를 마련할 수도 있겠습니다. 이 자리는 보다 깊이 있는 분석을 통해 모종의 결론을 도출하고 이를 어떤 실천으로 연결시켜 보기도 하는 그런 자리일 것입니다.

한 학교에서 만약 네 명 정도의 교사가 학생들과 이런 활동을 해 나간다고 상상해 보면 그 교사들과 학생들이 모든 면에 있어서 얼마나 큰 성장을 이루어 낼 수 있을지 짐작이 되실 겁니다.

이때 한 가지 중요한 사항이 있습니다. 우리가 텍스트를 읽을 때 사전이나 백과사전같이 참고할 보조 수단을 필요로 하는 것과 마찬가지로 학급을 하나의 텍스트로서 읽는 데에도 이용해야 할 어떤 보조 수단이 있습니다. 예컨대 학급을 제대로 읽어 내기 위해서는 세심한 관찰과 분명한 비교가 필요하고, 깊이 있는 추론과 적절한 상상이 필요하며, 감수성을 충분히 발휘해야 하고, 타인에 대해 과하게 신경 쓰지 않으면서도 타인을 믿는 자세가 필요합니다. 교사는 '관찰'을 하면서 자신이 관찰한 바를 기록해야 합니다. 하지만 단지 자신의 관점에서 본 것을 충실히 기술하는 데 머물러서는 안 됩니다. 관찰한 바에 대한 자기 확신을 배제하고 비판적이면서도 평가적인 태도를 견지하며 기록을 해야 합니다. 그리고 그렇게 만들어진 관찰 기록은 교사뿐만 아니라 학생들에 의해서도 지속적으로 분석되도록 해야 합니다. 모은 자료를 연구하고 또 다시 연구하는 모든 때에 교사와 학생들이 생각을 나누고 대화할 수 있어야 합니다. 그럼으로써 그 기록은 모두에게 확인받은 것이 되고, 더욱 타당한 것이 됩니다. 교사가 이런 방식으로 자신의 역할을 수행한다면 '텍스트로서의 학급'이라는 이 방법은 더욱 발전된 이해를 저절로 쌓아 나가게 됩니다. 이전에 이해하고 있던 바를 다시 이해하고 새롭게 이해하는 활동을 통해, 이전에 알고 있던 바는 좀 더 잘 이해하게 되고 새로운 지식을 생산하게 됩니다.

이때 우리는 자신의 느낌이나 감정, 혹은 욕심을 두려워해서는 안 됩니다. 느낌, 감정, 욕심과 같은 정서적인 요소들은 우리가 이미 중요하게 여기고 있는 인지적 요소들과 마찬가지로 의미 있게 고려되어야 합니다. 정서적 요소와 인지적 요소는 결부되어 있습니다. 또한 우리는 교실 현장에서 객관적 사실 및 자료들을 수집하면서 이 자료들과 현실 속 이해 대상과의 '관계'를 열린 마음으로 주의 깊게 바라보아야 합니다. 학급을 읽는다는 맥락에서 보면 교실 현장에서 실제로 접하는 모습들 가운데 교사가 신경 쓰지 않아도 되는 것은 단 하나도 없습니다. 이는 교사의 역할이 단순히 가르치는 활동에만 국한되지 않는다는 사실을 뒷받침합니다. 또한 학생이 처해 있는 사회적, 문화적, 경제적 맥락 조건에 대한 비판적 지식이 결여된 상태로는 가르침을 충실하게 이행하기 어렵다는 사실을 뒷받침하기도 합니다.

학습자들이 처한 맥락을 비판적으로 이해하다 보면 너무나도 경시되어 온 수많은 비극적인 학생들의 존재를 이해하게 됩니다. 삶보다 죽음에 가까운 경험을 하고 죽음을 택하는 것보다는 아주 조금 나은 그런 삶을 살아가고 있는 비극적인 존재들을 이해하게 됩니다.

"너에겐 어떤 꿈이 있니?" 언젠가 텔레비전 리포터가 상파울루 시내에서 일하는 10살짜리 아이에게 질문하는 것을 보았습니다. 질문을 받고 아이는 놀라며 대답했습니다. "아니요. 전 그저 악몽만 꿀 뿐이에요."

수많은 아이들이 깨진 유리처럼 심각하게 손상된 정서 상태에 놓여 있습니다. 그렇기 때문에 이 아이들에게는 그저 돌보기만 하는 부모 같은 존재를 넘어선, 보다 전문적인 역량을 바탕으로 사랑해 줄 수 있는 교사가 필요합니다.

교사는 자신이 다정한 모습을 띠는 것을 두려워해서는 안 됩니다. 교사는 존재로서 제대로 대우받지 못하는 아이들의 정서적 갈증을 외면해서는 안 됩니다. 사랑받지 못한 사람은 가르침을 그저 감정이 배제된 거래 정도로만 이해하는 데 그쳐서 삶과 감정을 배제한 채 오직 '이성주의'로만 아이들을 대하게 됩니다.

이와 반대로, 악의적인 경멸과 무시로 인해 브라질 민중계급이 겪고 있는 고통에 대해 세심하게 고려할 때에야말로 우리는 앞으로 나아갈 수 있고 사회의 급진적 개혁을 위해 정치적으로 투쟁할 원동력을 가지게 됩니다.

물론 그 어떤 것도 쉽게 얻어지지 않습니다. 단지 정서적으로 어떤 필요를 강렬히 느끼는 것만으로 세상을 바꿀 수 있다는 그런 생각은 제가 여러분께 말씀드리려는 생각과 다릅니다. 무언가를 원하는 것이 근본적으로 필요합니다. 하지만 이것으로 충분하지 않습니다. 필요한 것을 원하는 방법이 무엇인지 알아야 하고, 그 방법을 배우는 일이 필요합니다. 우리가 가진 꿈을 실현하기 위해 적합한 전술을 동원하면서 정치적으로 싸우는 방법을 배워야 한다는 말입니다. 우리를 고통스럽게 하는 심각한 모순 앞에서 어떻게 아무것도 하지 않거나 너무나 미약하게 대응할 수 있을지 잘 모르겠습니다. 우리의 세상을 좀 더 나은 모습으로 만들기 위해 노력하는 데 있어서는 중립적인 행동과 지나친 행동을 구분할 필요가 없습니다. 능숙함, 성실함, 선명함, 인내를 가지고 임한다면 무엇이든 행해도 됩니다. 비정함, 이기심, 악의에 찬 권력에 대항하는 싸움에 힘을 실어 주는 일은 그것이 어떤 일이든 상관없이 중요합니다. 이런 점에서 보면 도시 외곽의 낙후된 지역에 있는 학교에서 일하는 교사가 학생들에게 자신의 문화 정체성을 스스로 중요하게 인식하고 이를 지켜 갈 권리가 우리 각자에게 있다는 점을 이야기하는 것과 마찬가지로 새벽녘에 회사 정문 앞에 서서 파업을 지속할 것을 주장하는 노조 지도자 또한 자신의 정당한 역할을 다 하고 있는 셈입니다. 공장에서 일하는 노조 지도자와 학교에서 일하는 교사 모두는 할 일들이 무척 많은 존재들입니다.

  진보적인 교육을 정치적이고 당파적인 노력으로 환원시키려는 의도로 이런 이야기를 하고 있는 건 결코 아닙니다. 제가 말하고자 하는 바는 우리가 가르치는 교육내용이 전부인 것처럼은 절대 가르칠 수 없다는 것입니다.

  교사들은 자신의 상상력에 창의적인 날개를 달아 주어야 합니다. 물론 바른 규율을 따르는 방향으로 말입니다. 학생들과 대면하는 첫날부터 교사는 우리의 삶에 대한 상상력이 중요하다는 점을 학생들에게 보여 주어야 합니다. 상상력은 호기심과 기발함을 자극함으로써 우리가 무언가를 창조해 낼 수 없다는 생각을 버리고 새로운 것을 향해 모험을 해 나가도록 북돋습니다. 상상이란 본래 자유로운 것으로, 자유롭게 날아가고 걸어가며 때로는 훌쩍 달려가는 행위와도 같습니다. 그리고 그런 상상은 모든 순간에 우리 몸으로 발현되어야 합니다. 춤을 출 때, 리듬에 몸을 맡길 때, 그림을 그릴 때, 글을 쓸 때, 심지어 글쓰기 초반에 낙서하듯 '초안을 잡는' 단계에서도 상상력이 발휘되어야 합니다. 학생들이 자신들의 문화 안에서 만들어진 이야기를 이야기하고 또 이야기하는 그 와중에도 상상력이 개입되어야 합니다. 이루어질 수 있는 것을 상상하든 그렇지 않은 것을 상상하든 이와 상관없이 꿈을 꾸게 해 주는 상상력은 언제나 꼭 필요합니다. 교사가 학생들의 상상력을 자극하고 학생들이 꿈꾸는 학교의 '청사진'을 그려 보게 하는 일도 언제나 꼭 필요합니다. 학생들이 꿈꾸는 학교를 만들어 가는 활동을 다름 아닌 교실에서부터 실천하지 않을 이유가 무엇이겠습니까? 상상하는 바에 대해 토의하면서, 그 상상을 이뤄 나가는 과정에서 부딪히게 될 구체적인 장애에 대해, 그리고 그 장애를 넘어서는 일이 만만치는 않을 것이라는 점에 대해 이야기 나누지 못할 이유가 무엇이겠습니까? 학생들이 꿈을 실현하기 위해 상상하고 꿈꾸고 싸울 그 권리를 학생들에게 강조하지 않을 이유가 무엇이겠습니까? 자유를 향한 꿈은 실현 가능하고 필수적인데 그 꿈에 대한 상상은 반동적• 세력에 부딪힙니다. 자유가 자신들의 전유물이라 여기는 사람들에 부딪히게 됩니다. 궁극적으로 상상이란 현실과 동떨어진 다른 세상에 사는 사람들이나 하는 그런 행위가 아니라는 점을 분명하게 해 두어야 합니다. 오히려 구체적인 실제 현실 속에 꼭 필요하지만 결여되어 있는 대상이 있을 때 이에 대해 동원하게 되는 것이 바로 상상입니다. 아이들이 자유롭고 행복한 학교를 상상하는 까닭은 실제로는 아이들이 학교에서 자유롭거나 행복하지 못하기 때문입니다.

예전에 헤시피에 머물면서 민중이 처한 어려운 여건을 소재로 한 여러 편의 시가 실린 민중시집 한 권을 구해 그곳을 떠나기 전까지 읽은 적이 있습니다.

그중에서 특히 인상적이었던 것은 지역 주민 모두가 즐겁게 먹을 수 있는 어마어마한 크기의 옥수수 빵에 대한 묘사였습니다. 그 묘사는 단지 엉뚱한 상상의 예라기보다는 굶주린 사람들이 엄청나게 많은, 상식적으로 납득하기 어려운 현실이 있음을 보여 주는 증거였습니다. 시를 통해서 명확하게 표현한 꿈에 현실 세계에서 인식한 어떤 구체적인 요구가 표현되어 있던 셈이었습니다.

학급 내의 어떤 집단에 적용할 징계 규칙의 체제(system)에 대해 학급의 학생들이 상상하며 대화하고 있다고 생각해 봅시다. 학생들의 관계를 잘 조율하며 세심하고 지적인 교사와 함께 말이지요. 그 체제에는 과하게 엄격한 규율이 포함될 수도 있지만 '상상하며' 만드는 이 규칙은 하나의 근본적인 원칙에 바탕을 두고 실행될 것입니다. 다수결 원칙에 따라 투표로 규칙을 바꿀 수 있다는 원칙 말입니다. 규칙이 만들어지면 그 규칙을 강화하는 메커니즘이 자연적으로 생기지만 모든 것은 민주적으로 이루어져야 합니다. 브라질 사회와 같이 강력한 권위주의의 전통이 있는 사회에서, 민주적인 길을 추구하는 일은 매

- '반동적(反動的)'이라는 어휘의 사전적 의미는 '진보적이거나 발전적인 움직임을 반대하여 강압적으로 가로막는 경향을 띠는 성질 혹은 그런 성질을 띤 것'이다. 본 번역서에서는 이 어휘를 사전적 의미로 사용했다.

우 의미 있고 중요합니다. 자유와 권위 모두에 일정한 한계를 만들어 우리를 '물 흐르는 대로 흘러가는' 식의 마음가짐이나 전능한 절대주의로 이끄는 방임적 태도를 가지지 않게 해 주는 그런 민주적인 길 말입니다.

사교성, 상상력, 느낌, 욕구, 두려움, 용기, 사랑, 미움, 거친 분노, 성적 충동과 관련된 문제들은 우리의 몸이 하나의 텍스트처럼 '읽힐' 필요가 있는 대상임을 보여 줍니다. 온전한 하나의 전체로서 한 명의 개인이 보이는 신체 반응들이 서로 유기적으로 관련되어 있다는 점에 우리는 주목할 필요가 있습니다.

자꾸만 대상을 구분하여 따로 인식하고 싶은 어떤 경향이 본래의 모습을 왜곡해 인식하게 합니다. 이를 피하려면 교사들은 학생들의 몸에서 나타나는 모든 반응을 다양한 학문 분야의 관점으로 읽을 필요가 있습니다. 학생들과 함께 말입니다.

세상 '속에서' 세상과 '더불어' 살아가며 타인과 '공존하는' 나의 존재에는 나 자신에 대한 가장 완전한 지식이 함축되어 있습니다. 자신에 대한 이해가 점점 더 완전해질수록 스스로가 역사의 주역임을 명확히 인식하며 그와 동시에 자신 또한 역사를 통해 만들어지는 존재라는 점을 보다 더욱 선명히 알 수 있게 됩니다. 내가 역사를 새롭게 만들어 가는 존재인 동시에 역사에 의해 다시 만들어지는 존재라는 점에서 나의 몸과 타인의 몸을 읽는다는 것은 곧 공간을 읽는 일[†]입니다.[*] 이런 관점에서 보면 교실이라는 공간은 운동장과 학교 전체로 확장되어 나가는 공간이자 교사와 학생들의 두려움, 환상, 욕구, 꿈이 안전하게 살아가는 공간입니다. 그렇기에 마달레나 프레이리 웨포트(Madalena Freire Weffort)가 강조한 것처럼 교사와 학생 모두는 일종의 텍

스트로서 교실 공간을 읽어야 합니다.††

그런데 이 모든 공간이 학교를 운영하고 관리하는 이들과 교사들의 것이라는 주장이 있습니다. 하지만 이 주장으로부터는 권위주의적인 입장의 불합리성을 간파할 수 있을 뿐입니다. 공간 소유에 관한 논의는 주인이 아동이어도 되는가, 성인이어야 하는가 하는 문제와는 아무 상관이 없습니다. 사실 급식 요리사, 학교지킴이, 청소부 등도 모두 성인이고 학교라는 공간에서 일하는 사람들이지만 이 공간의 주인으로는 일컬어지지 않지요. 학교 공간의 주인은 바로 학생들입니다. 학교 운영진과 교사들이 학교 공간의 주인이라는 주장은 학생들이 학교 '공간 안'에 있지만 그 '공간에서 함께하는' 존재는 아니라는 말과 같습니다.

진보적이고, 민주적이며, 행복하고, 우수한 학교라면 그 학교에서는 구성원들의 의식을 담고 있는 구성원들의 몸과 세상이 밀접하게 관련되어 있다는 점에 대해 끊임없이 생각해야 합니다. 우리는 세상에 대해 우리가 이해하고 있는 바를 다시금 정리해야 합니다. 우리가 기존에 가지고 있던 이해는 세상 속에서 역사적으로 형성된 것이지만 이는 세상과 새롭게 상호작용하며 의식을 형성해 나가는 몸에 의해

---

† [원주] Maurice Merleau-Ponty, *Phenomenology of Perception*(지각의 현상학), translated by Colin Smith (New York: Routledge, 1962) (국내에 『지각의 현상학(류의근 역, 2002)』으로 번역되어 있다. 역자 주)

†† [원주] 저자와 나눈 대화에서 인용하였습니다.

• 인간은 사회 속에서 일정한 시간을 살며 접하는 경험과 학습을 바탕으로 형성되고 성장하는 존재이다. 이처럼 인간은 사회적 존재이자 역사적 존재이기 때문에 몸의 동작, 즉 행위는 그 행위를 하는 공간에 대하여 가지고 있는 의미를 바탕으로 이루어질 수밖에 없다. 예컨대 예배당이나 불당에서 보이는 조심스런 발걸음이나 목소리를 작게 하려는 행동은 학교 강당이나 체육관에서 보이는 행동과 분명히 다르다. 이런 점에서 누군가의 의식적인 행동(몸의 자세, 동작 등)은 그 사람이 있는 공간이 그에게 어떤 의미를 지닌 공간인지를 드러내는 증거가 될 수 있다.

다시금 새롭게 만들어져 나가게 됩니다. 이런 새로운 이해의 결과로서 지금 우리에게는 가르침과 배움에 대한 새로운 이해, 그리고 발견에 대한 새로운 이해가 만들어졌으리라 생각합니다. 이에 대해 생각하며 우리는 레프 비고츠키(Lev Vygotsky)의 연구를 다시금 숙고해 보아야 할 것입니다.

여섯 번째 편지

교육자와 학습자의 관계

이제 교사와 학생들의 관계에 대해 분석해 보려 합니다. 교사와 학생들의 관계에는 가르침, 배움, 앎-가르침-배움의 과정, 권위, 자유, 읽기, 쓰기, 교육자의 덕목, 학습자의 문화 정체성, 상호존중과 같은 매우 다양한 사안이 복잡하게 얽혀 있습니다.

진보적인 교사에게 멈추지 않고 따라붙는 '담론'이 있습니다. 그건 바로 교사가 어떤 가치를 스스로 증명해 내는 증언(testimony)● 능력에 대한 담론입니다. 증언은 학습자들로 하여금 교사가 추구하는 노력의 타당성을 인식하게 하고 그 노력에 관심을 불러일으키는 가장 좋은

● 어떤 일을 계획하거나 규율로 삼고자 할 때에는 그와 관련된 이들에게 계획이나 규율을 언제, 어떻게, 어디서, 그리고 어떤 이유로 실행할 것인지 등을 말로 이야기하거나 그것을 실제 행동으로 옮기는 모습을 행동으로 보여야 한다. 프레이리가 여기에서 말하는 '증언(testimony)'이란 교사가 자신이 시도하는 일련의 진보적 교육실천이나 개혁에 대한 의지와 계획, 그리고 실천하려는 바를 학습자와 다른 이들에게 말로 다짐하고 행동화함으로써 대외적이고 지속적으로 나타내 보이는 것을 말한다.

방법입니다. 말하자면 어려움에 봉착하여 이를 극복해 나가려는 목적이 있을 때에 교사가 가치 있는 것들을 얻기 위해 싸우겠다는 단호한 의지를 가지고 있음을 학생들이 볼 수 있어야 합니다. 교육자의 말과 행동이 일치하지 않을 때 교육 실천은 완전히 실패합니다.

　교사가 자신의 자유를 규제하는 행정 운영 방식과 제도에 대해서는 저항하면서 정작 학생들의 자유는 규제한다면 이런 교사에게 과연 무엇을 기대할 수 있겠습니까? 하지만 이런 기계적인 단순 논리로는 인간의 행위와 그 방향을 온전히 설명할 수 없으니 다행입니다. 이런 교사에게서 배운 학생들이 그 영향으로 꼭 세상에 무관심해지거나 혹은 반대로 계속해서 반항적인 모습으로만 살아갈 것이라고 예단할 수 없지요. 하지만 이들이 말과 행동이 서로 모순되는 교사의 모습에 시달리지 않는다면 훨씬 좋을 것입니다. 말로 하는 증언과 행동으로 하는 증언 중에서 좀 더 파급력이 큰 것은 행동입니다. 행동은 즉각적인 효과를 나타내기 때문입니다. 가장 나쁜 상황이 있습니다. 교육자의 말과 행동의 모순을 직면한 학습자가 교육자의 말을 믿지 않게 되는 것입니다. 이렇게 되면 교육자가 말을 할 때 학습자는 다음에 이어질 교육자의 행동을 통해 또 다른 모순을 감지하게 될 것을 기다리게 됩니다. 이는 교육자가 만든 스스로의 이미지를 학습자 앞에서 부숴 버리는 일입니다.

　아이들은 말한 것과 완전히 반대되는 행동을 하는 교사의 모습에 굉장히 민감합니다. "내가 행동하는 대로 하지 말고, 내가 말하는 대로 하라."는 식으로 말한대도 이는 말과 행동의 모순과 비일관성을 해소하는 데에 거의 아무런 소용이 없습니다. '거의 아무런 소용이 없다'고 한 이유는 말한 것과 모순되는 행동이 언제나 완전하게 부당한 것은 아니기 때문입니다. 올바른 내용이 담긴 말 속에는 말한 것과 반대되는 것을 행하는 사람의 위선을 완화해 주는 힘이 있는 경우가 있기 때문이지요. 하지만 엄밀히 말하면 그 말은 단지 말해졌을 뿐이고 살아 있는 말이 되지 못하기 때문에 곧 힘을 잃습니다. 모순이 일어난 것을 알게 된 사람은 이렇게 생각하게 됩니다. "말로 증언했지만 실천에서는 너무나 강력하게 부정되어 버린 그 내용이 만약에 정말로 좋은 것이었다면 말해지는 데 그치지 않고 실제로도 행해졌을 것이다."

말과 행동의 불일치로 인해 야기될 수 있는 모든 일 가운데 최악은 바로 교육자와 학습자들 간의 관계가 무너지는 것입니다.

교실에서 어떤 권위도 나타내지 않고 학습자들과의 관계에서 나약함과 의심과 불안만을 보여 주는 교사들에 대한 이야기를 이어 나가 보는 게 어떨까요?

제가 청소년이었을 때 한 선생님이 학급에 규칙을 도입하지 않고 또 그 상황을 그대로 방치하여서 학생들 대부분이 험한 말을 일삼았던 기억이 납니다. 그 무례한 상황은 그것을 바라보던 저에게도 커다란 상처로 남았습니다. 하루는 그 선생님의 수업이 오전 2교시에 있었습니다. 선생님은 수업하기 위해 교실에 들어섰을 때부터 이미 많이 지쳐 있는 상태였습니다. 선생님이 들어선 교실은 무례하기 그지없는 학생들이 사실상 선생님을 놀리고 괴롭히기 위해 기다리고 있는 공간이었습니다. 놀림과 조롱이 이어지던 수업이 끝나자마자 선생님은 학생들에게 등도 돌리지 못하고 그대로 교실을 빠져나갔습니다. 시끄러운 야유가 엄청나게 쏟아졌고 아마도 선생님은 겁에 질려 굳어 버렸을 겁니다. 교실 한편에 앉아 있던 저는 학생들의 무시 때문에 창백해진 표정을 하고 움츠러든 채로 문으로 걸어 나가는 선생님을 바라보았습니다. 선생님은 견디기 어려워 보이는 무력감에 휩싸인 채로 문을 열고 서둘러 사라져 버렸습니다.

청소년기에 보았던 그 선생님의 모습, 자신을 보호할 수 없을 만큼 무력하고 기죽은 사람의 이미지를 저는 아직 기억하고 있습니다. 선생님은 교사의 나약함을 그저 조롱과 놀림거리 정도로 여기는 학생에 대한 두려움과, 행여 교사라는 직업을 그만 두어야 할 수도 있겠다는 두려움을 늘 가지고 있었던 것 같습니다.

교사가 되리라 꿈꾸던 당시의 저는 교사의 권위가 무너지는 것을 보며 스스로에게 다짐했습니다. 절대적인 권위를 가지고 어떤 이의도 용납하지 않는 오만한 교사가 되지 않을 것이지만, 반대로 그 선생님이 보여 주었던 것처럼 철저하게 무력한 존재로 아무런 확신도 보이지 못하는 교사 또한 되지 않을 것이라고 말입니다. 권위가 너무 지나쳐서든 너무 부족해서든 어떤 이유로든지 교사의 존재가 학생들에게 그토록 부정되도록 내버려 두지는 않으리라 맹세했습니다.

교사와 학생들 간의 관계에 있어서 빼놓아서는 안 될 또 다른 증언이 있습니다. 정의와 자유와 인권을 언제나 변함없이 약속하고, 강자의 착취에 종속된 약자들을 보호하는 데 헌신하는 일에 대한 증언입니다. 윤리적인 투쟁에 아름다움이 있음을 학생들과의 일상생활에서 보여 주는 것 또한 중요합니다. 윤리와 미학은 끈끈하게 함께 묶여 있습니다. 엄청나게 빈곤하거나 지독한 궁핍에 시달리는 지역에서는 이런 것이 이루어질 수 없다고 이야기하지 맙시다. 마달레나 프레이리 웨포트(Madalena Freire Weffort)는 교사로서 그가 겪었던 어떤 상황에서보다도 상파울루의 한 빈민가에서 3년 동안 지냈던 경험을 통해 한 명의 교육자가 되었고, 나아가 교육이라는 과업에 대해 정치적 의미를 품은 한 명의 선생이 되었습니다. 그가 겪은 경험들이 그를 그렇게 만들어 주었습니다. 교실에 대해 우리가 가지고 있는 지식에 비추어 보자면 그의 학급은 있어야 할 것들은 모두 결여되어 있는 반면 경멸의 대상인 다른 많은 요소들은 가득한 그런 공간이었습니다. 그는 자신의 경험을 담은 책을 쓸 준비를 하고 있는데 분명 그는 조그만 소녀였던 칼라(Carla)에 대한 이야기를 그 책에 담으리라 생각합니다. 칼라는 저도 이전에 다른 곳에 글을 쓰며† 한 차례 언급했던 적이 있습니다. 칼라의 사연은 이렇습니다. "칼라는 반쯤은 벌거벗은 차림으로, 앳된 모습이라곤 찾아보기 힘들 정도로 더러워진 얼굴을 하고, 아이와 어른 할 것 없이 마을 사람들 모두의 조롱거리가 된 채로 학교 주변을 돌고 마을 거리를 배회하며 다녔다. 칼라는 넋이 나간 채로 방황하고 있었는데, 이보다 더 심각한 것은 자신이 누구인지, 누구의 아이인지도 모르고 있다는 사실이었다."

어느 날에 칼라의 할머니가 마달레나를 찾아와서는 손녀가 학교에 다닐 수 있도록 해 달라고 부탁했습니다. 그러면서 학교를 보내고 싶지만 등록금이 부족하다는 사정도 함께 이야기했습니다.

이야기를 듣고 마달레나가 말했습니다. "할머니, 제가 보기엔 등록금은 큰 문제가 되진 않을 것 같아요. 그보다는 칼라가 학교에 오기 전에 한 가지 꼭 부탁드릴 것이 있어요. 학교에 올 때는 언제나 깨끗하게 씻고 오도록 해 주시고 옷은 꼭 입고 오도록 챙겨 주세요. 그리고 내일

---

† [원주] 1987년에 유네스코와 브라질리아 교육부가 후원했던 한 회의에서 발표한 'Teaching Literacy as an Element in the Preparation for Citizenship(시민의식을 준비하기 위한 하나의 요소인 문해 교육에 관하여)'.

만 오는 것이 아니라 앞으로 매일 학교에 오도록 해 주셔야 돼요." 할머니는 마달레나의 부탁을 듣고 그렇게 하겠다고 약속했습니다. 다음 날 칼라는 완전히 바뀐 모습으로 학교에 왔습니다. 깔끔하고 앳된 본래의 외모를 드러냈고 자신감 있는 모습을 하고 있었습니다.

깔끔하고 정돈된 모습을 한 칼라는 교실에서 한층 더 빛이 났습니다. 그리고 이내 자신감을 더욱 높여 가기 시작했습니다. 칼라뿐만 아니라 할머니도 스스로에 대한 믿음을 가지게 되었습니다. 이 변화로 어린 칼라는 자기 존재를 의식하고 발견하는 계기를 가지게 되었으며 할머니 역시 자신의 존재 의미를 새롭게 깨닫는 경험을 하게 된 것이었습니다.

바라보는 데에 그치는 외부자에게는 이런 교사의 개입이 다소 부르주아적이고 엘리트주의적이며 현실과 동떨어진 것처럼 보일 수도 있겠습니다. 무엇보다도, 학교에 갈 때에는 씻어야 한다는 요구를 빈민가에 사는 아이에게 어느 누가 선뜻 할 수 있을까요?

마달레나가 다한 책임은 진보적 교육자로서의 책임이었습니다. 그의 개입과 지도 덕분에 아이와 할머니는 타인들이 자신을 존중하는 공간이자 자신의 존엄성을 지키는 공간을 하나 마련하게 되었습니다. 그날이 지나 이제 칼라는 자신이 전체 학급의 일원이라는 것을 보다 어색하지 않게 여기게 되었을 것이고, 좀 더 빛나는 미래를 탐색하는 한 명의 사회 속 일꾼으로 자신을 인지하게 되었을 것입니다.

교육자의 민주적 개입 없이는 진보적인 교육도 없습니다.

칼라와 할머니가 자신을 발견하게 되었던 이 사례에서 교사가 개인 위생의 문제에 개입하는 일이 가능했던 것처럼, 제가 앞서 언급했던 문제들에 대해서도 교사가 개입하지 못할 이유는 없습니다. 개인의 위생은 사회의 아름다움으로 확장되어 나갈 수 있는 사안입니다.

저는 아주 명료하고 유능한 우리 교육자들이 직면해야 하는 기본적인 문제는 학습자와의 관계 형성이 교육자가 단기적으로 그리고 장기적으로 현실에 개입하는 여러 가지 방법 중 한 가지임을 분명히 인식하는 것이라고 생각합니다. 이런 면에서 볼 때, 그리고 다른 어떤 면에서 보더라도 우리는 학습자와 맺고 있는 관계에 있어서 그들을 존중할 필요가 있으며 그들의 세계가 어떤 모습인지 그 구체적인 상황을, 즉 그들의 모습을 만들어 낸 그 조건을 알 필요가 분명합니다. 우리 학생들이 살고 있는 그 현실을 알고자 노력하는 일은 교육적 실천을 행하려는 우리에게 부과된 일종의 과제입니다. 이를 행하지 않고서는 학생들이 생각하는 방식에 접근할 수 없고 그들이 무엇을 알고 있는지, 대상을 어떻게 알고 있는 것인지를 알아내기가 굉장히 어려워질 수밖에 없습니다.

저는 어떤 이가 말할 수 없는 주제나 가치란 없으며, 어떤 이가 침묵해야만 하는 그런 영역이란 존재하지 않는다는 신념을 가지고 있습니다. 우리는 어떤 것이든 말할 수 있습니다. 그리고 어떤 것에 대해서든 증언할 수 있습니다. 그럼에도 불구하고, 우리가 어떤 것에 대해 말하기 위해 사용하는 언어와 증언의 방식은 우리가 말하고 증언하는 그 맥락이 놓여 있는 사회적 상황, 문화적 상황, 역사적 상황으로부터 영향을 받습니다. 즉 우리가 사용하는 언어와 증언 방식은 계급 문화에 의해 형성된 것이며 우리가 말하고 증언하는 대상이 처해 있는 현실을 조건으로 하여 형성된 것입니다.

진지성, 행동의 규율, 탐구의 규율에 대해 증언하는 일을 중요하게 여깁시다. 몸을 돌보고 건강을 돌보는 일에 대해 증언하는 일을 중요하게 여깁시다. 교육자의 과업을 수행하는 일이 영예로운 일이라는 것에 대해, 자신의 권리를 위해 싸우는 희망에 대해, 독단적인 판단에 대항하여 싸우는 인내에 대해 증언하는 일을 중요하게 여깁시다. 이 나라의 교육자들은 교육내용 외에도 소년들과 소녀들에게 가르칠 것이 많습니다. 학생들이 어떤 사회계급에 속해 있든 상관없이 말입니다. 교육자들은 우리가 요구하는 근본적인 사회 변화를 위해 손수 분투하는 사례를 통해서, 그리고 민주주의를 추구하고 권위주의에 대항하며 분투하는 사례를 통해 가르칠 것이 많습니다. 이 중 어떤 것도 쉽지 않습니다. 이 모든 일은 사회의 심오한 변혁을 위한 위대한 투쟁의 전선 중 하나가 됩니다. 진보적인 교육자들은 자신이 그저 교사일 뿐이 아니며, 가르치는 일의 전문가에 그치는 존재가 아니라는 신념을 가질 필요가 있습니다. 그저 교사일 뿐인 이는 없습니다. 우리는 교사이므로 정치적 투사입니다.

　교사의 일은 수학, 지리, 문법, 역사를 가르치는 일에 그치지 않습니다. 교사의 일에는 교과목을 가르치기 위한 냉철함과 전문적 역량이 필요하지만 뿐만 아니라 사회의 부정을 극복하는 일에 관여하고 헌신하는 자세 또한 필요합니다.

　모종의 신자유주의적 담론에 담겨 있는 이데올로기를 들춰 볼 필요가 있겠습니다. 때로 '근대화 담론'으로 불리는 이 담론은 역사 속에서 현재 순간이 어떤 순간인지에 대해 이야기하며 사람들로 하여금 삶이란 그저 이런 것일 뿐이라고 납득시키기 위해 애씁니다. 가장 유능한 이들이 세상을 조직해 가고 가장 무능한 이들은 그저 생존할 뿐[†]인 것이 삶이라고 말합니다. 그리고 그들은 말합니다. '꿈, 이상적 세계, 급진적인 변화에 대한 대화' 같은 것은 지칠 줄 모르고 열심히 일하며 굉장하게 생산하는 이들에게 방해될 따름이라고 말입니다. 또한 그들이 우리가 꿈에 대해 이야기하며 만들어 내는 문제들 없이 평화롭게 일할 수 있게 해 주어야 한다고 말합니다. 그렇게 하다 보면 언젠가는 사회 구성원들에게 분배될 잉여가치가 엄청나게 생길 거라고 말합니다.

받아들일 수 없는 이 담론은 희망, 이상적 세계, 꿈의 대척점에 자리합니다. 그리고 이 담론은 전체 인구의 3분의 1에게만 긍정적으로 작용하는 우리 사회와 같은 하나의 사회를 그대로 유지하려는 담론입니다. 이 담론에서는 마치 전체 사회의 몸집이 부적절하게 크며, 그렇지만 이를 오랫동안 감당해 볼 수 있겠다는 듯이 말합니다. 하지만 새로운 시대에는 분파주의가 사멸하고 급진주의가 탄생할 것으로 보입니다.†† 어떤 이의도 제기될 수 없는 온전한 진리를 알고 있는 척하는 분파주의의 입장을 만약 우리가 취한다면 새 시대에 할 수 있는 일은 더 줄어들 것입니다. 이 입장은 여전히 민주주의의 이름으로 용인되고 있지요. 하지만 이런 식으로는 진보 정당들은 선택의 여지를 별로 가질 수 없습니다. 이런 식으로는 진보주의 안에서 스스로를 재창조해 다시 만들든 아니면 분파주의를 뿌리 뽑기 위해 헌신하든 이들은 스탈린주의자들의 이데올로기 안에서 옥죄여 소멸될 것입니다.● 그들

---

† [원주] 이 부분에 대해서는 저의 다른 책 *Pedagogy of Hope: A Return to the Pedagogy of the Oppressed* (Rio de Janeiro: Paz e Terra, 1992)를 참조하기 바랍니다. (국내에 『희망의 페다고지(강성훈, 문혜림 역, 2020)』로 번역되어 있다. 역자 주)

†† [원주] 이 부분에 대해서는 저의 다른 책 *Pedagogy of the Oppressed* (Rio de Janeiro: Paz e Terra, 1970)를 참조하기 바랍니다. (국내에 『페다고지(남경태 역, 2002)』로 번역되어 있다. 역자 주)

● 프레이리는 우리가 사회개혁에 대한 분명한 의식을 바탕으로 치열하고도 단호하게 행동해야 한다고 말하며, 사회적 불평등을 정당화하는 신자유주의적 가치들을 민주주의의 이름으로 어설프게 용인하는 태도를 거부한다. 어설픈 진보적 입장은 스스로를 사회적 맥락과 시대적 요구에 뒤떨어진 교조적, 맹목적 사회주의자로 가둘 뿐이라는 것이다.

은 다시금 혹은 지금 모습 그대로 영혼 없는 낡은 좌파들의 정당이 될 것이며 시대의 냉담한 반응에 얼어 죽을 운명을 맞을 것입니다. 이런 위험이 실제로 존재한다는 사실이 애석합니다.

다시 교육자와 학습자의 관계로 돌아가 보겠습니다. 교육자가 증언을 하고 급진주의적 입장에서 어떤 실행과 결정을 이어 나갈 때 이를 보고 겪는 학습자들은 어떤 준비를 하게 됩니다. 학습자들의 그런 준비가 어떤 중요한 힘이 되는지에 대해 이야기해 봅시다. 증언을 하는 교육자들은 그들을 변하게 만드는 새로운 요소에 직면했을 때 그들이 어떤 태도를 취하는지를 학습자들이 어렵지 않게 볼 수 있도록, 혹은 꼭 보도록 해야 합니다. 교육자들이 명료하게, 객관적으로 다음과 같은 사항을 확실히 하면 그들의 증언은 훨씬 더 효과적일 것입니다.

1. 개인이 태도를 변화시키는 일은 정당하다는 것
2. 그들이 태도를 변화시키게 된 이유

저는 교육자들이 완벽한 성인(聖人)이어야 한다고 생각하는 게 아닙니다. 장점과 결점을 모두 지닌 평범한 한 명의 인간으로서 냉철함을 위한 싸움, 자유를 위한 싸움, 연구에 있어서 없어서는 안 될 규율을 만들어 내기 위한 그 싸움에 대해 증언하면 됩니다. 그러다가 학습자들이 자신의 내부에 규율을 생성해 나가는 그 과업을 해 나가기 시작하면 그때부터는 교육자들이 보조적인 역할을 맡아야 합니다.

일단 교육자가 증언을 포함한 그 과정을 시작하면, 학습자들도 조금씩 그 증언에 따라 행동하기 시작할 것입니다. 학생들이 그런 모습을 보이는 것은 교육자에 의해 행해진 그 증언이 작동을 하고 있다는 표식인 셈입니다. 하지만 일부 학습자들은 그렇게 행동하는 시늉만 하면서 그 증언을 교육자가 한결같이 이행하는지 그렇게 하지 않는지를 확인하고자 시험을 하기도 합니다. 이런 경우에 교육자들이 그 도전에 잘 대응하지 못하면 자칫 모든 것이 엉망이 될 수 있습니다. 실제 상황에서 보면 교사들을 시험하는 학습자 중 다수는 시험을 걸면서도 교육자들이 속아 넘어가지 않기를 바라며 불안해합니다. 교육자들이 했던 증언이 참이라는 것을 그들이 확인시켜 주기를 원하면서 말입니다. 교육자들을 시험하는 학습자들은 교육자들이 실패하기를 정말로 원하는 게 아닙니다. 교육자들이 실패하기를 원해서 도발을 하는 그런 이들이 일부 존재할 뿐입니다.

교육자들이 저지르는 실수 가운데에는 너무 강한 자긍심 때문에 겸손함을 잃어 저지르게 되는 실수가 하나 있습니다. 바로 학습자들이 하는 행동에 의해 상처를 받는 일입니다. 누구든 자신에게 의문을 제기해도 된다는 그 점을 받아들이지 못했기 때문에 상처받는 것입니다.

반대로 우리 모두가 완벽하지 않은 인간임을 겸손한 마음으로 인정하는 것이 훨씬 낫습니다. 우리는 그 누구든 완벽한 존재가 아니며, 절대 실수하지 않는 무결한 존재가 아닙니다.

제가 최근에 망명*에서 돌아와 상파울루의 폰티프 가톨릭 대학교(Pontiff Catholic University of São Paulo)에서 대학원 학생들과 함께하며 겪

- 프레이리는 브라질 국가 문해 프로그램의 총괄책임을 맡고 있던 중 1964년에 군부 쿠데타의 발발로 체포되어 투옥되었으며, 볼리비아로 잠시 추방된 후 11월에 칠레로 망명하였다. 망명 중에는 전 세계를 다니며 교육 활동을 지속했으며 1967~1968년에는 『억압받는 이들과 페다고지(Pedagogy of the Oppressed)』를 집필하여 영어판이 1970년에 출간되었다. 망명은 1980년까지 이어졌다.

은 일이 하나 있습니다.

　강의 첫날에 저는 앞으로 한 학기 강의를 어떻게 진행해 갈 것인지에 대해 이야기하면서 학생들에게 열린 태도로 자유롭게, 민주적인 분위기 속에서 강의에 임해 달라 부탁했습니다. 학생들이 호기심을 가질 권리와 질문할 권리, 동의하지 않을 권리, 비판할 권리를 행사하는 그런 만남이 이어지기를 바란다고 말했습니다.

　그러자 한 여학생이 공격적인 태도로 말했습니다. "저는 선생님이 말씀하시는 그 대화와 소통이 정말 이루어지는지 보고 싶으니 단 한 시간도 빠지지 않고 수업에 꼭 올게요."

　그 학생이 말하고 난 뒤에 저는 제가 어떤 말을 하든 그에게는 그 말을 의심할 권리가 얼마든지 있으며 그 의심을 공개적으로 표현할 권리도 그에게 있다는 말을 덧붙였습니다. 이제 제 역할은 제가 부탁한 사항들이 제가 진심을 다하여 한 말이라는 점을 학기가 끝날 때까지 직접 보여 줌으로써 증언하는 것이었습니다.

　실제로 그 학생은 단 한 시간도 빠지지 않았습니다. 그 학생은 매 시간 수업에 와서 제가 그때까지 가지고 있던 반정부적 입장이나 투쟁에 관한 생각에 반대하며 항상 권위주의적인 입장을 피력했습니다. 그 학생과 제가 각자 가지고 있는 생각의 거리는 그 학기 강의가 끝날 때까지도 좁혀지지 않았습니다. 하지만 서로를 존중하는 태도만큼은 계속 지켜 나갔습니다.

　이 경우에 그 학생이 정말로 관심을 가지고 있던 것은 강의 첫날에 제가 당부한 내용이 결국엔 실수였음을 인정하게 될 것이라는 자신의 추측을 확인하는 일이었습니다. 하지만 저는 실수로 말한 것이 아니었습니다. 학생들이 저를 시험하더라도 화내지 않을 것이었습니다.

저는 제가 완벽하지 않다는 것을 알고 있습니다. 그렇기 때문에 제가 부족하다는 사실은 인정할 수 있는 반면, 정직하지 못하다는 비난을 받는 것은 도저히 참을 수가 없습니다. 이런 매도는 근거를 전혀 가지지 못한 비판이며 윤리적으로도 문제 있는 행동입니다.

요약하자면 교육자와 학습자의 관계는 복잡하고 근본적이고 어렵습니다. 또한 우리가 멈추지 말고 지속적으로 생각을 해 나가야 하는 그런 관계입니다. 우리가 교육자와 학습자의 관계를 점검하는 습관을 갖고자 노력한다면, 혹은 그 관계에 있어서 우리의 처신이 어떤지를 되돌아보는 습관을 갖고자 노력한다면 이는 정말로 스스로에게 바람직한 일일 겁니다.

이틀에 한 차례 정도 일과 시간을 할애하여 우리가 학생들과의 관계에서 사용하는 언어습관과 우리의 행동을 비판적으로 분석하는 데 전념해 보는 시간을 갖는 것도 아주 좋습니다. 그러면 우리는 탐구하는 데 없어서는 안 될 하나의 도구를 학습하게 되고 또 가르치게 될 것입니다. 일어난 일들과 그것에 얽혀 있는 것들에 대해 기록하는 일 말이지요. 기록하는 일을 통해 우리는 관찰하고 비교하고 선별하며, 일어난 일과 그와 관계된 다른 것들 간의 관계를 규명하게 됩니다. 교육자와 학습자들이 만났던 모든 때에 그들을 가장 긍정적으로 그리고 부정적으로 자극했던 순간들이 어떤 것이었는지에 대해 매일 기록하면서 말입니다.

그리고 저는 이 활동을 적당한 수준으로 구조화한다면 아직 글을 쓰지 못하는 아이들에게도 적용할 수 있다고 확신합니다. 가령 아이들에게 학교에서 지내는 일상에 대해 이야기해 보도록 하는 방식으로 이 활동을 진행한다면 충분히 실현 가능할 것입니다. 물론 이런 활동을 하기 위해서는 먼저 아이들이 학교에서 접하는 일들을 주목하고 관찰하면서 인상 깊은 일을 선별할 수 있어야 합니다. 이런 활동을 통해 우리는 아이들의 발표력을 기를 수 있습니다. 발표력과 같은 구두 표현 능력은 그 다음 단계인 쓰기 능력과 연계되어 있으니 구두 표현 능력과 쓰기 능력은 분리되는 것이 아닙니다. 일상적인 대인관계 상황에서 자신의 생각이나 의견을 말할 줄 아는 아이는 곧 그것을 쓸 줄도 알게 될 아이인 셈입니다. 만약 아이가 글로는 쓰지 않는다면, 그 아이의 쓰기 능력이 지연되어 있는 상황일 것입니다. 쓰기가 아예 불가능한 아이여서 쓰지 않는 경우는 아주 예외적일 뿐입니다.

제가 상파울루시 교육사무국장으로 일했을 적에* 시내에 있는 두 개 학교의 학생들과 대화했던 적이 있는데 이 일을 저는 결코 잊지 못할 것 같습니다. 하루는 50명의 5학년 학생들과 두 시간 동안 대화를 나누었고 그 다음날에는 다른 학교의 학생 40명과 대화했습니다. 대화의 주요 주제는 학생들이 자신이 다니는 학교를 어떻게 바라보고 있는지 그리고 어떤 유형의 학교를 선호하는지, 자기 자신에 대해 어떤 생각을 가지고 있는지, 선생님들에 대해서는 어떻게 생각하고 있는지 등이었습니다.

첫 번째 대화에서였습니다. 학생들과 본격적으로 이야기를 나누기 시작할 무렵에 한 학생이 저에게 물었습니다. "파울루 선생님, 만약에 한 친구가 뭔가 잘못을 저질렀고 그 친구가 그런 일을 저질렀다는 것을 저도 보았는데 선생님이 그 친구를 일으켜 세워서 코를 벽에 대고 '냄새를 맡게' 했다면 이런 선생님의 행동에 대해서 어떻게 생각하세요?" 저는 대답했습니다. "내 생각에는 그 선생님이 실수한 것 같네요."

"만약에 파울루 선생님이 그 선생님의 행동을 본다면 어떻게 하실 건가요?"

저는 대답했습니다. "나는 여러분이 그 선생님과 내가 똑같이 행동할 거라고 생각하지는 않았으면 좋겠어요. 그런 행동은 정말 어리석은 행동이고 나는 절대로 하지 않을 행동이거든요. 나라면 당장 다음날에 그 선생님과 교장 선생님, 교무부장 선생님 그리고 선생님들을 교육할 책임이 있는 연구부장 선생님 모두에게 교무실에서 만나자고 이야기할 거예요. 그리고 그 선생님에게는 전날에 한 행동이 교육적으로 논리적으로 인간적으로 정치적으로 적절하다고 생각하는지 그 이유를 설명해 보라고 할 거예요. 그 선생님은 그 행동이 적절한 것이었음을 제대로 해명하지 못할 가능성이 있지요. 아마 그럴 가능성이 높을 거예요. 그러면 나는 그 실수한 선생님에 대해 우선 교장 선생님이 어떻게 생각하는지 의견을 묻고서 이런 실수가 절대로 다시는 반복되어서는 안 된다고 강하게 호소할 거예요."

그러자 그 학생이 다시 물었습니다. "아주 좋네요. 그런데 만약에 똑같은 일이 반복되면요?"

저는 대답했습니다. "그런 경우라면 나는 시 교육사무국 산하에 있는 평결위원회(judicial council)에 그 선생님을 징계할 수 있는 법적 조치를 심의해 달라고 요청할 거예요. 그리고 그 요청을 내가 받는다면 나는 원칙에 따라 엄격하게 법을 적용할 겁니다."

학생 모두는 제가 말한 것을 이해했습니다. 그리고 저도 이 어린 사람들이 규칙과 약속이 세워지지 않은 그런 분위기를 원하지 않으며

● 프레이리는 1989년부터 1991년까지 상파울루시 교육사무국장으로 있었다.

자의적인 결정을 매우 철저하게 거부한다는 것을 알게 되었습니다. 학생들은 민주적인 관계, 서로가 존중하는 그런 관계를 원하고 있었습니다. 권위주의자의 끝없는 권력으로 인해 그들에게 요구되는 맹목적인 복종을 받아들이기를 거부하고 있었습니다. 그리고 그들은 무책임함을 거부하고 있었습니다. 무조건 허용만 하는 교사의 무책임함을 말입니다.

어쩌면 그 아이들 가운데 몇몇은 그날 이후에 물감으로 얼굴을 잔뜩 꾸미고서 거리로 나가 꿈꾸는 일은 가치 있는 일이라고 외치고 있을지도 모를 일입니다.

그 다음날에 다른 학교의 학생들과 대화하는데 한 활발한 어린 여성이 자신의 의견을 조리 있게 이야기했습니다. "파울루 선생님, 저는 우리 학교가 우리 엄마 같지 않으면 좋겠어요. 학교가 어린 사람들을 좀 더 신뢰하면 좋겠어요. 다른 사람들을 괴롭히기 위해 때를 기다리고 있는 몇 사람이 우리 중에 있을 거라고 의심하지 말아 주면 좋겠어요."

90명의 학생들과 함께 이야기 나눴던 이 네 시간은 저로 하여금 삶의 즐거움을, 그리고 꿈을 꿀 권리를 충만하게 누리게 해 주었습니다.

일곱 번째 편지

학습자를 향해 말하는 존재에서
학습자와 더불어 말하는 존재가 되기까지

: 학습자의 말을 귀담아 듣는 존재에서 학습자가 귀담아 듣는 존재가 되기까지

이 편지의 제목인 "학습자를 향해 말하는 존재에서 학습자와 더불어 말하는 존재가 되기까지"에 대해 이해해 보도록 합시다. 이 문구는 그 의미를 그대로 두고 다음과 같이 바꾸어 볼 수 있습니다. '우리가 학습자들에게 이야기를 하는 순간에서부터 학습자들과 함께 이야기를 나누는 순간까지' 또는 '일방적인 지시와 설명의 필요성에서부터 상호소통의 필요성까지' 혹은 '일방적 전달과 상호소통의 대화 경험 모두를 조화시키는 생활의 중요성'으로 말입니다. 교육을 하다 보면 일정한 권한을 가지고 있는 교사가 학생들에게 일방적으로 말을 하는 상황들이 있습니다. 예컨대 무엇을 해야 하며, 무엇을 앞으로 할 것인지를 지시하는 상황이라든가 자칫 자유가 방종과 무질서함으로 전락하지 않도록 분명한 한계를 규정하는 그런 상황이 있지요. 하지만 교사의 일방적인 역할이 두드러지는 이런 상황은 사실 얼마든지 교사와 학생이 함께 이야기하는 상황으로 바꿀 수 있습니다. 교사의 정치적 선택에 따라서 말이지요.

　교육은 정치적 행위라는 점을 다시금 강조하고자 합니다. 이쯤에서 이 사실을 상기해 보는 게 좋을 듯합니다. 교육은 실제로 분명히 정치적 성격을 띠는 행위이지만 교육이 정치적이라는 말은 여전히 많은 이들에게 쉽게 받아들여지지 않습니다. 교사들이 교육을 정치적 행위로 받아들여야 하는 이유는 바로 교육이 중립적일 수 없는 성격을 가지고 있기 때문입니다. 교사가 이제까지 진보적이든 민주적이든, 혹은 권위적이든 반동적이든 어떤 가치와 철학에 따라 삶을 살아 왔다는 그 사실이 교사가 결코 중립적일 수 없음을 뒷받침합니다. 심지어 어떤 철학에 기반한 소신을 가지지 못한 채로 무엇에든 동조하고 무비판적인 선택을 해 왔다고 하더라도 역시 중립적이지 않은 교육이 이루어집니다. 이런 점에서 보면 자신을 민주주의자나 혹은 권위주의자로 규정하는 교사의 모습은 교육이 비중립적이라는 사실을 직접 방증해 보이는 셈입니다. 아무런 원칙이 없는 허용적이고 방임적인 자세는 일견 자유를 지향하는 것처럼 보일 수 있지만 대체로 교육 실천을 방해하는 정치적 행위입니다. 이런 방임적 자세에 따른 결과로 모두가 제한 없이 각자의 자유만을 추구하는 무질서한 분위기가 조성되는데 이런 분위기는 결국 권위주의적 입장을 정당화하고 유리하게 할 뿐이니까요. 원칙 없이 방임적이기만 한 입장을 지닌 이는 권위주의자들이 꿈꾸는 양순한 사회 구성원을 기르는 '훈련'도 거부하지만 민주주의자로서의 자질을 기르는 훈련이나 민주주의의 이상을 위한 투쟁을 통해 스스로를 해방시킬 수 있게 하는 훈련에도 역시 별 관심을 두지 않을 것이 틀림없습니다. 이처럼 방임적인 사람들은 물에서도 살고 땅에서도 사는 양서류처럼 양면성을 가지고 있습니다. 이들은 자유로운 존재로 정의할 수 없을뿐더러 권위를 지닌 존재로도 정의할 수 없는 불확정적인 존재일 뿐입니다.

규율이 없는 이런 분위기는 자유에 대한 두려움을 더욱 단단하게 만들 뿐입니다. 그렇기 때문에 지금까지 저는 교사들이 정치적 결단성 부족을 극복하고 자유를 추구하든 혹은 거부하든 어떤 식으로든 자신의 삶을 규정할 필요가 있다고 이야기해 온 것입니다.

짐작하시겠지만 이 문제는 자유에 대해, 권위에 내해, 그리고 자유와 권위의 모순적 관계에 대해 질문을 불러일으킵니다. 그리고 우리는 이 질문에 명쾌하게 답하기 어려울 것입니다. 실은 제대로 깊이 있게 생각해 본 바가 없는 탓일 겁니다.

자유와 권위에 대해 우리가 가지고 있는 양가감정은 우리 사회가 강력한 명령의 전통을 역사에 뿌리내리고 있는 뚜렷한 권위주의적 사회이며 민주주의의 경험이 일천한 사회라는 그 부정할 수 없는 사실에 기인한 것입니다.

명령에 익숙한 권위주의적 이데올로기가 우리 사회의 모든 계층에 걸쳐 일종의 문화적 습성처럼 만연해 있다는 사실에 주목해 보아야 합니다. 장관이나 대통령, 군 장성, 학교장, 대학의 교수들이 가지고 있는 권위주의는 노동자나 군 장교, 하사관, 빌딩 경비인의 사고와 행동에 개입하고 있는 그 권위주의와 근본적으로 다르지 않습니다. 따라서 사회 구성원 간에 존재하는 권력의 작은 차이가 상황에 따라 얼마든지 엄청난 권력 차이 또는 독단적인 결정 권한의 차이로 변질될 여지가 충분합니다.

하지만 우리는 사회적 실천을 해 나가는 데 있어서 이 문제를 명확히 하는 능력도 부족하고, 이 문제를 해결하는 능력도 부족합니다. 바로 이런 이유로 우리는 권위와 권위주의를 혼동합니다. 그리하여 권위를 거부하기도 하고 그럼으로써 규율과 원칙이 결여된 방임주의에 빠지기도 합니다. 그러면서도 우리는 우리가 자유를 존중하고 있으니 민주주의를 창조해 나가고 있다고 여기곤 합니다. 혹은 정말로 권위주의적인 이가 자신을 진보적인 존재라 믿으며 이를 선언하는 일이 벌어지기도 합니다.

권위주의의 거부가 규율의 결핍으로 이어지는 것이 아닙니다. 또한 무법 상태를 거부한다고 해서 권위주의에 헌신하는 것도 아닙니다. 제가 앞서 확언한 바 있듯이 이 둘은 서로 반대되는 개념이 아닙니다. 권위주의와 무법의 반대편에 민주적 급진주의(democratic radicalism)가 있을 뿐입니다.

이 점을 숙고하는 일이 이 편지의 주제를 명료하게 드러내 줄 것이라고 생각합니다. 만약 교사가 지속적으로 권위주의적인 태도를 취하는 경우라면 교사는 언제나 말을 이끌어 나가고 학생들은 교사의 말을 항상 수동적으로 듣고 있을 겁니다. 교사는 학습자들을 향해, 학습자들을 위해, 학습자들에 대해 말하고 있을 것입니다. 자신이 말하는 것이 진리이며 그것이 올바른 것이라는 점을 강조하며 아주 샅샅이 구석구석 모든 것에 대해 말하고 있을 것입니다. 설령 학습자들과 함께 이야기를 나눌 때에도 마치 학생들에게 호의를 베푸는 것처럼 하며 자신의 목소리는 힘이 있고 중요하다는 점을 강조하고 있을 것입니다. 이는 민주적인 교육자들이 학습자들과 함께 이야기를 나누는 방식과는 다릅니다. 심지어 학습자들을 향해서 말을 하는 때에도 민주적인 교육자들은 그런 방식으로 말하지 않습니다. 권위주의적인 교육자들은 학생들이 자신의 말을 따르는지 따르지 않는지를 파악하며 학생들을 평가하는 데에 몰두합니다. 학습자들이 자유를 위해 부단히 투쟁할 줄 아는 이미 훈련된 비판적 주체인 경우라 할지라도 학습자들의 소양만으로는 권위주의적인 교육자를 움직이지 못합니다. 한편 방임적인 태도로 "어떤 일이 일어나든 그대로 두고 보겠다." 하는 입장을 취하는 교육자는 학습자들을 방치하고 버린 셈이며 권위주의적인 교육자들과 마찬가지로 학습자들을 향해, 혹은 학습자들과 더불어 이야기를 나누지 못하는 그 상태에서 더는 나아가지 못합니다.

만약 교육자가 민주적인 태도를 선택하고 말과 실천의 간극을 좁힌다면 학습자들을 향해 그리고 학습자들과 함께 일상생활 가운데에서 비판적인 분석을 진중하게 계속해 나가며 이야기를 나누는 그 즐거운 일을 경험할 수 있을 겁니다. 비록 어려움이 따라붙겠지만 말입니다. 그런 교육자는 알고 있습니다. 대화는 가르칠 내용만을 중심에 두는 게 아니라 삶 그 자체를 중심에 두는 것이라는 점을 말입니다. 그런 대화가 이루어진다면 가르침이라는 행위의 타당성이 더욱 높아지고 학급의 분위기에도 개방적이고 자유로운 기운이 감돌 것입니다.

학습자들을 향해 그리고 학습자들과 더불어서 이야기를 하는 것은 겉치레가 필요 없는 일입니다. 그리고 민주적인 교사가 책임감을 갖춘 비판적 시민을 학교 안에서 양성하는 데에 매우 긍정적으로 작용하는 하나의 방법입니다. 책임감을 갖춘 비판적 시민은 우리에게 굉장히 필요한 존재입니다. 우리의 민주주의를 발전시키는 데 있어서 없어서는 안 되는 존재입니다. 민주적인 학교, 즉 진보적으로 포스트모던하면서, 포스트모던하게 전통적이라거나 포스트모던하게 반동적이지 않은 그런 학교들이 오늘날 브라질에서 굉장히 큰 역할을 하고 있습니다.

그럼에도 불구하고 포스트모던하게 진보적인 학교의 교육과정에 브라질의 '구원'이 놓여 있다고 여기자고 주장할 생각은 조금도 없습니다. 민주적인 학교가 비판적이고 유능한 시민들을 준비시키는 데에 국가의 생존 능력이 온전히 달려 있는 건 당연히 아닙니다. 하지만 민주적인 학교로 인해 브라질의 구원이 일어날 수는 있습니다. 브라질의 구원에는 민주적인 학교가 필요합니다. 민주적인 학교가 없다면 브라질의 구원은 이룩되지 않습니다. 그리고 그런 학교 안에는 학습자들의 나이가 얼마나 어리든 그런 학습자들을 향해 그리고 그런 학습자들과 함께 이야기를 나누는 교사들, 그리고 학습자들의 이야기를 귀담아 듣는 교사들이 있어야 합니다. 학습자들은 그런 교사들의 말을 귀담아 듣게 됩니다. 민주적인 교사가 학습자들의 이야기를 귀담아 듣는 때에 교사는 학습자들로 하여금 교사의 말을 귀담아 들을 준비를 하게 하는 셈입니다. 권위주의적인 교육자들이 용납하지 않는 바로 그 과정 중에, 학습자들이 교사의 말을 귀담아 들을 준비를 하게 된다는 말입니다. 학습자들의 말을 귀담아 듣고 학습자들과 이야기를 나누며 학습해 나감으로써 민주적인 교사들은 학습자들 또한 교사의 말을 귀담아 듣도록 가르치게 됩니다.

학습자들의 이야기를 듣는 일과 학습자들로 하여금 교육자의 이야기를 듣도록 하는 문제에 권위주의적 입장과 방임적인 입장에 관하여 앞서 말씀드렸던 사항들을 적용해 볼 수 있습니다. 이 문제는 교육자들과 학습자들이 목소리를 낼 권리와 직결됩니다. 만약 교육자들과 학습자들이 말을 할 권리, 자신의 소신을 지닐 권리, 비판적인 이야기를 할 권리를 침해받는다면 민주주의를 완전하게 누릴 수 없으며 민주주의를 키워 나갈 수도 없습니다. 그 권리를 보호하기 위한 싸움에 참여하지 못하는 경우에도 마찬가지입니다. 이 또한 행동할 권리를 침해받는 일입니다.

하지만 규율과 원칙이 없는 교실 상황에서 학습자들의 자유가 자멸할 수 있으므로 이를 막기 위해 일정한 제한이 필요한 것과 마찬가지로, 교육자들과 학습자들이 그들의 목소리를 내는 데에는 일정한 윤리적 제한이 필요합니다. 부조리한 상황이 벌어지지 않도록 하기 위해서 말입니다. 의견을 표출하지 못하는 '제약된 몸'이 되게 하는 일이 비도덕적인 것처럼, 진실을 조작하거나 거짓을 말하거나 타인을 속이거나 매도하는 의견을 표현하는 것 또한 비도덕적입니다.

소신을 밝힐 권리는 세상이나 타인에 대해 이해한 바에 대하여 무엇이든 말해도 되는 무제한적 권리가 아닙니다. 소신을 밝힐 권리는 어떤 죄책감도 가지지 않은 채 거짓을 말하는 무책임한 태도에 적용할 수 있는 권리가 아닙니다. 거짓을 말하는 이는 자신이 바라고 계획하는 바에 호의적인 결과가 이어지기를 기대하며 거짓말을 합니다.

학교는 타인의 이야기를 경청하는 태도나 타인을 존중하는 태도와 같은 민주적 특성들이 서로 결합되고 생성되고 확장되는 공간으로 변모해야 합니다. 이는 필수적이고도 매우 시급한 과제입니다. 타인의 이야기를 경청하는 태도는 호의나 친절이 아닙니다. 의무이자 책임입니다. 변화된 학교가 갖춰야 하는 민주적 특성에는 다음과 같은 것들이 있습니다. 다수의 동의로 결정된 의견에 동조하지 못하는 소수가 의견을 표현하는 일을 억압하지 않고 존중하는 관용의 특성, 문제를 제기하고 비판하고 자유롭게 논쟁하는 특성, 다양한 공적인 사안을 교사 일인과 학생 일인 간의 관계에 국한된 사적인 일로 치부하지 않고 그 본질대로 공적인 일로 다루고 존중하는 특성 등이 바로, 학교에서 갖춰야 하는 민주적 특성입니다.

　요즘 우리 주변에서 함부로 낭비되고 있는 자원들을 살펴보면 그 범위와 정도가 도저히 믿기 어려운 수준입니다. 신문이나 텔레비전 뉴스만 보더라도 우리는 병원의 초고가 기기 2백만 대가 사용되지 않아 버려지고 있다는 등의 사실을 접하게 됩니다. 기기들이 부실하게 만들어져 사용 연한이 채 되기도 전에 기능을 하지 못해 폐기처분되어 버려지는 것입니다. 수백만 개에 달하는 물건이 미궁 속에서 증발되어 버립니다. 만약 이런 재앙에 책임이 있는 행정 관료들이 처벌을 피할 수 없다면, 만약 그들이 이런 일을 막는 비용을 국가에 지불해야 하거나 교도소에 수감되어야 한다면 상황은 분명히 개선될 것입니다.

　이런 일들에 대해 보통의 정치적-교육적 학교 상황에서 진행해 볼 수 있는 교육 활동은 다름 아닌 토의 활동일 겁니다. 부끄러운 줄도 모르고 일어나는 이런 사례들이 우리에게 무엇을 보여 주는 것인지에 대해 교사는 학생들과 토의할 수 있습니다. 장기적인 관점에서든 단기적인 관점에서든 횡령이 경제에 미치는 물적 영향에 대해서 그리고 이런 재앙과 같은 일이 우리 모두에게 야기하는 윤리적인 손상에 대해서 토의할 수 있습니다. 우리는 반드시 우리 아이들에게, 즉 어린 사람들에게 통계적인 자료를 제공해 주어야 합니다. 그리고 분명하고 단호하게 말해 주어야 합니다. 책상들을 망가뜨린다거나 분필을 부순다거나 음식을 낭비한다거나 벽을 더럽히는 행동은 학교에 대한 친밀감에 힘입어 어쩐지 대수롭지 않게 하게 된 행동이라고 해서 문제가 아닌 건 아니라는 점을 말입니다.

　"힘이 있는 사람들은 그렇게 하는데 나는 왜 그렇게 하면 안 되지? 힘 있는 사람들은 남의 것을 훔치는데, 왜 나는 그렇게 하면 안 되지?

힘 있는 사람들은 거짓말을 하는데, 왜 나는 할 수 없지?" 이런 말은 아주 옳지 않습니다.

민주적 가치와 윤리적 요구에 따르지 않고서는 어느 누구도 진정한 민주주의를 구현해 내지 못합니다. 민주적 가치와 윤리적 요구에 따르지 않고서는 사회 구조를 급진적으로 변화시키고 생산과 개발에 대한 정치적 방향을 전환시키고 권력을 재구성하고 모든 이를 위한 정의를 실현하고 모든 권력자들이 부도덕하고 불의하게 얻은 것들을 폐기하는 그런 진정한 민주주의를 구현해 낼 수가 없습니다.

사회의 상부구조라는 이유로 가치나 윤리를 충분히 고려하지도 않고 명확히 해 두지도 않은 채 투쟁적인 삶만 강조한 것은 기계론적● 마르크스주의자들이 범했던 실수 중 하나였습니다. 기계론적 마르크스주의자들은 사회의 물적 토대의 급진적 개혁이 먼저 이루어지지 않으면 상부구조에 해당하는 교육은 아무런 역할을 할 수 없다고 여겼습니다. 하지만 그런 변혁이 일어나기 전에 먼저 대중을 결집하고 움직이기 위한 이데올로기 선전이 완료되어 있어야 합니다. 바로 이 지점에서, 그리고 다른 모든 지점에서도 기계론자들은 실패했습니다. 설상가상으로 그들은 민주주의에 반하는 사회주의를 지지하여 투쟁을 지연시켰습니다.†

우리의 권위주의적인 문화 관습에 뿌리 내려 있는 것과 상반되는

---

† [원주] 저의 다른 책 *Pedagogy of Hope: A Return to the Pedagogy of the Oppressed* (Rio de Janeiro: Paz e Terra, 1992)를 참조하기 바랍니다. (국내에 『희망의 페다고지(강성훈, 문혜림 역, 2020)』로 번역되어 있다. 역자 주)
● 기계론이란 경제적, 물질적 생산관계로 규정되는 토대 혹은 하부구조가 문화, 예술, 교육 등의 인간의 정신세계에 해당하는 상부구조에서의 사회적 관계를 결정짓는다는 마르크스주의의 토대를 상하부구조 간의 관계에 경직된 방식으로 적용하는 입장을 말한다.

민주적 성향 중에는 타인을 존중하는 관용이라는 기질이 있습니다. 관용은 마치 십자가로부터 달아나는 마귀처럼 인종차별주의와 남성우월주의와 같은 것들이 달아나게 합니다.

진정으로 열린 학교나 개방적 분위기를 지향하는 학교 안에서라면 관용이라는 민주적 특성이 가장 먼저 인종차별주의와 남성우월주의 같은 권위주의적 경향성을 겨냥하게 해야 합니다. 민주주의를 부정하고, 자유를 부정하고, 다수와는 다르다 여겨지는 이들의 권리를 부정하고, 인본주의까지 부정하는 그런 경향성 말입니다. 권위주의적 경향성을 겨냥하고 난 뒤에는 진보적이라 여겨지는 이들의 실천 속에서 모습을 드러내는 모든 형태의 반민주적 경향성을 겨냥하여 그것의 정체가 무엇인지 밝힘으로써 그것이 이해받을 수 없는 모순임이 드러나게 해야 합니다.

예를 들어, 진보적이라고 알려진 사람이 말로는 사회적 약자 계층을 옹호하지만 실제로 자신의 가정에서는 아내와 아이들 위에서 군림하듯 강압적으로 행동한다면 이를 어떻게 변명할 수 있겠습니까?

여성의 목소리를 지키고 그것을 향한 관심을 지켜 내기 위해 분투하는 여성이 실제로 자신의 집에서는 자신을 위해 물을 내오는 여성 요리사에게 고맙다는 말 한마디 제대로 하지 않으며 친구들과 대화할 때에는 그를 "그 사람들" 중 하나로 지칭한다면 이를 어떻게 변명할 수 있겠습니까?

민주주의를 구현하는 일은 진실로 어려운 과정입니다. 모든 꿈이 그런 것처럼 민주주의라는 꿈도 신령한 주문으로 이루어지는 것이 아니라 부단한 성찰과 실천을 통해야 이루어질 수 있습니다. 민주주의의 실현은 "나는 민주주의자다.", "나는 인종차별주의자나 남성우월주의자가 아니다."라는 말에 달려 있는 것이 아닙니다. 우리가 하는 행동에 달려 있습니다. 나의 진실성은 내가 하는 말이 아니라 나의 행동에서 드러납니다.

  말과 행동의 차이를 줄이기 위해 노력하다 보면 말한 것에 일치되도록 행동을 바꾸게 되는 것과 마찬가지로, 행동한 것에 일치되도록 자신이 말한 것을 번복하는 것도 괜찮은 방법입니다. 일관성을 유지하는 일이 결국 새로운 선택을 낳을 수밖에 없는 것은 이 때문입니다. 말한 것과 행동한 것을 비교해 자신이 말은 진보적으로 하지만 실천은 권위주의적으로 하고 있다는 식의 불일치를 발견했을 때, 때로는 고통스럽더라도 이런 자신의 모습을 성찰함으로써 자신의 이중성을 깨닫는다면 나는 계속 이렇게 있을 수 없으며 이런 내 모습에서 빨리 벗어나야겠다는 생각을 가지고 방법을 찾아 나서게 될 것입니다. 새로운 선택은 다음과 같은 선택지 속에서 이루어집니다. 내가 하는 반동적 실천과 합치하는 방식으로 나의 진보적인 생각과 논리를 바꾸거나, 내가 말한 진보적 가치와 논리를 깊이 수용하여 행동을 민주적인 방식으로 변화시킬 수 있습니다. 마지막으로 제3의 선택지도 있습니다. 어떤 한정된 상황에서는 말과 행동의 불일치를 먼저 드러내 밝히며 냉소주의를 취할 수도 있습니다.

  민주주의가 우리 사회에 자리 잡을 수 있도록 노력하는 방법 중에는 사람들에 의해 흔히 언급되는 주상이나 개진될 가능성이 농후한 주장을 강하게 논박하는 것이 있습니다. 가령 현재의 이슈가 투표에 참여할 만큼 중요한 사안은 아니라는 주장이라든가, 늘 그렇듯 정치판은 뻔뻔하고 창피스럽기만 하다는 주장이라든가, 모든 정치인들은 다 똑같기 때문에 "도둑질이라도 좋으니 무엇이든 하려는 사람에게 투표하려고 한다."라는 식의 주장을 접할 때 이들과 논쟁하기를 피하지 않는 것 말입니다.

그런 주장에 담긴 내용은 실제 현실과 다릅니다. 그런 주장을 내세우는 것도 정치에 관여하는 하나의 방식이기는 하지만, 정치에 관여할 때 언제나 지켜 나가야 할 만한 방식은 전혀 아닙니다. 우리를 이렇게 만든 것은 정치 그 자체가 아닙니다. 단지 지금의 우리가 관련되어 있는 정치가 이런 종류의 정치일 따름입니다. 우리가 현재 관여하고 있는 정치는 과거 우리가 어렸던 때보다 분명히 훨씬 나아졌습니다. 그리고 그런 주장이 나오도록 행동하는 정치인들이 정부나 정당의 서로 다른 부분에 소속되어 있는 것도 아닙니다.

교육자로서 우리는 브라질의 민주주의와 온전한 번영을 위해 어떻게 기여할 것인가 하는 근본적인 물음을 외면할 수 없습니다. 그리고 그에 대해 우리가 감당해야 할 책임을 결코 외면할 수가 없습니다.

교육자로서, 우리는 정치인입니다. 우리가 교육할 때, 우리는 정치에 참여합니다. 민주주의를 꿈꾼다면 학습자들의 이야기를 귀담아 듣고 그들 또한 우리의 이야기를 귀담아 들을 수 있도록 하기 위해 분투해 나갑시다. 우리가 학습자들을 향해 이야기하고, 학습자들과 함께 이야기를 나누는 우리의 학교를 위하여 밤낮으로 분투해 나갑시다.

여덟 번째 편지

문화 정체성과 교육

우리는 교육 주체가 속한 사회계급에 영향을 미치는 문화 정체성과 교육 실천 간의 관계에 대하여 스스로 질문해 볼 필요가 있습니다. 교육 주체의 정체성은 명시적 교육과정과 잠재적 교육과정 모두에 관련되는 근본적인 사안이며, 교수학습에 관한 의문들과도 명백하게 관련되어 있습니다.

이 편지에서는 가르치는 이와 배우는 이를 교육의 주체로 두고 이들의 정체성에 대해 논의해 보려 합니다. 본격적으로 논의하기에 앞서 요즘 빈번히 등장하는 '문화 정체성'이란 표현이 '정체성' 개념의 의미 범위를 모두 포괄하는 건 아니라는 사실을 먼저 짚어 두고 가야 할 듯합니다. '문화'라는 표현이 담고 있는 의미 범위는 '계층'이라는 표현보다는 구체적이지만 '정체성' 개념을 온전히 이해하기에는 충분하지 않습니다. 사실 우리 모두는 이 세상에 단 하나뿐인 매우 특별한 존재입니다. 우리 각자는 장구한 역사 속에서 스스로 그리고 독자적으로 판단을 하고 결정을 하며 살아가는 유일한 존재입니다. 그러면서 우리는 한 사회의 구성원으로서 활동하는 존재인데 이렇게 사회의 일원으로서 활동하지 않았다면 현재의 우리다운 모습이라는 것은 만들어지지 않았을 것입니다. 결국 우리는 생득적인 특징만을 지닌 존재가 아니며 후천적으로 획득한 자질만을 가지고 있는 존재도 아니라고 할 수 있습니다. 우리는 생득적 특징과 획득적 특징 간의 역동적 관계를 통해서 사회적으로 스스로를 드러내는 존재인 것입니다.*

우리가 생득적으로 물려받은 것 가운데에서 이 편지의 주제와 관련된 가장 중요한 특징이 하나 있습니다. 이에 대해 프랑수아 자코브(François Jacob)는 *Le Courrier de L'UNESCO*(유네스코 소식지)와의 인터뷰에서 다음과 같이 언급한 바 있습니다. "우리는 프로그램화된 존재이지만, 학습하도록 프로그램화된 존재다."† 이는 다름 아니라, 삶 이상의 것이자 삶의 물질적 조건에서 만들어 낸 인간 실존으로서 우리 자신을 개별적인 존재로 구분하고 우리가 어떤 존재이며 어떤 존재가 되어야 하는지를 결정하는 일이 가능하기 때문입니다. 뿐만 아니라 우리는 언어로 사회적 중재를 행하고 세계에 대해 이야기함으로써 우리가 창조하지 않은 자연적 세계를 우리의 생산물인 문화적, 역사적 세계로 확장시킵니다. 또한 자코브가 이야기한 대로 "우리는 내일을 생각하지 않고서는 살 수 없는 존재"인 한, 학습과 탐색의 과정 속에 영원히 헌신하는 그런 동물입니다.

학습과 탐색은 가르침과 앎에 짝을 이루며, 자유를 묵살하고서는 있을 수 없는 과정이고, 없어서는 안 될 필수 요소로서 선물처럼 얻어지는 것이 아니라 우리 인간이 세계 안에서 존재하는 하나의 방식으로서 우리가 끊임없이 싸워 지켜내야 할 대상입니다. 또한 우리는 프로그램화되어 있지만 예정된 존재가 아니며, 우리는 조건화되어 있지만 동시에 그 조건 지워진 것을 자각하는 존재이기 때문에 하나의 종착점으로서가 아닌 하나의 과정으로서 자유를 위한 싸움을 해 나가는 것입니다. "모든 존재는 자신의 미래를 염색체 안에 담고 있다."라고 자코브가 말했던 것은 우리의 자유가 억눌려져 있다거나 유전적 구조 속에 숨겨져 있다는 것을 의미하는 게 아닙니다. 마치 유전적 구조로 인하여, 자유를 누리며 사는 삶의 가능성이 소멸될 수 있다는 듯이 말입니다.

조건화되어 있고 프로그램화되어 있지만 예정되지 않은 존재로서 우리는 문화적 프레임 안에서 최소한의 자유를 이용해 그 자유를 증폭시켜 나갑니다. 일종의 문화적 표현인 교육을 통해 우리는 자코브가 이야기한 것처럼 "유전자 속에 새겨져 있는 그 가능성들을 탐험"[††] 해 나갈 수 있는 것입니다.

우리는 교육실천에 있어서 교육자 혹은 학습자라는 주체이므로 우리 개개인이 지닌 정체성은 분명히 중요합니다. 그리고 우리의 정체

---

† [원주] François Jacob, *Nous sommes programmé mais pour apprendre*(우리는 학습하도록 프로그램화되어 있다), *Le Courrier de L'UNESCO* (February 1991).

†† [원주] 위의 글

• 개인의 정체성은 다른 어느 누구와도 동일시될 수 없는 한 개인의 독자적 특성과 유일한 개별성을 드러내는 속성으로, 태생적으로 구별되는 특징들과 더불어 사회적 삶 가운데 개인이 경험하는 문화적 자극과 학습을 바탕으로 발달한 고유한 특성을 함께 포함한다고 본다. 그러나 이 편지에서 프레이리가 주목하고 있는 주제는 개인이 사회문화적 환경 속에서 다양한 경험을 바탕으로 후천적으로 내면화하는 교사와 학생의 정체성이고, 이를 위해 문화 정체성이란 표현을 사용하고 있다. 그러다 보니 독자들에게 자신의 의도를 명확히 밝히는 동시에, 스스로 정체성의 개념을 왜곡·축소하려는 것이 아님을 분명히 해 둘 필요가 있었던 것이다. 결국 프레이리가 여기서 주목하는 바는 후천적으로 내면화한 정체성인데 '계층 정체성'보다는 '문화 정체성'이란 표현이 좀 더 포괄적이라고 강조하고 있다. 하지만 프레이리 자신이 이 편지에서 하는 이야기와 별개로, 일반적으로 정체성은 생득적인 요소와 학습을 통해 후천적으로 내면화한 요소를 모두 포함한다.

성은 우리의 생득적 요소와 획득적 요소 간의 긴장관계가 만들어 낸 하나의 산물이라는 점에서 중요합니다. 이 긴장관계에서는 한 계급의 사회적, 문화적 경험 속에서 이데올로기적으로 획득된 요소들이 생득적 요소들로 이루어진 구조에 왕성하게 개입합니다. 소위 '마음의 힘(strength of the heart)'이라 불리는 관심사나 감정, 정서나 욕망과 같은 것들의 영향력을 통해서 말입니다. 그러니 우리는 오로지 생득적인 요소로 구성된 존재도 아니고 오로지 획득적 요소로만 구성된 존재도 아닙니다. 양쪽 중에서 한쪽에만 해당하는 그런 존재가 아니라는 말입니다.•

대중적인 표현으로 소위 피 내림의 힘(strength of the blood)이라는 말이 쓰이기는 하지만 이는 결정적인 요인이 아닙니다. 문화적 요인이라는 것이 모든 것을 설명해 주지 않는 것과 마찬가지로 말입니다.

인간의 독창적 행위, 모험, 위험하고도 창조적인 경험이 그런 것처럼 자유는 우리가 생득한 것과 획득한 것 간의 관계와 정말로 깊은 관련을 맺고 있습니다.

유전적 구조의 산물보다도 사회적, 정치적, 경제적, 문화적, 역사적, 이데올로기적 구조의 산물이 우리의 자유를 훨씬 더 크게 방해합니다. 우리는 문화적 유산의 완력을 부정할 수 없습니다. 과거로부터 이어진 문화가 우리를 순응하게 하고 우리를 가로막는다는 것은 의심할 수 없는 사실입니다. 하지만 우리가 프로그램화된 존재이자, 조건화되어 있으며 그 조건화를 인식하고 있는 존재이고, 예정되어 있지 않은 존재라는 그 사실이 문화적 유산의 완력을 극복하게 해 줍니다. 이 문화적 유산을 기계론적이지 않은 방식으로 극복하고자 하는 것이 바로 사회의 물적 세계와 그 구조를 변혁하는 일입니다. 비판적 교육을 위한 노력은 이에 일제히 동참하고 있습니다.

　여러 세대를 거쳐 우리 안에서 반복되어 온 문화적 유산은 때로 석화(石化)된 것처럼 보이기도 합니다. 이런 문화적 유산의 존재에 대해 숙고하지 않고서는 이것이 지금의 우리에게 미치고 있는 영향력을 극복할 수 없습니다. 사회 기반에 변화가 일어나면 오랫동안 유지되어 온 존재 양식과 사고방식이 아주 빠르게 변화되기도 합니다. 한편 문화적 유산의 존재를 인지한다는 것은 그것에 대한 존중을 의미해야 합니다. 존중한다는 것이 그 대상에 우리가 적응해 버린다는 것을 의미하는 건 전혀 아닙니다. 문화적 유산을 우리가 인지하고 그것을 존중하는 일은 변화해 나가기 위한 노력의 전제 조건입니다. 한편 우리가 다시금 명확히 해야 할, 한 가지 명백한 사실이 있습니다. 이 문화적 유산이 사회계급에 영향을 미친다는 사실 말입니다. 우리가 지닌 정체성의 상당 부분이 이 문화적 유산으로 구성되며 그럼으로써 우리 정체성의 상당 부분은 우리가 속해 있는 사회계급으로 특징지워집니다.

　이제 학습자들의 문화 정체성에 대해 한번 생각해 봅시다. 그리고 우리가 진행하는 교육실천이 학습자들이 지닌 문화 정체성을 바탕으로 하여 진행된다는 점을 존중하며 생각해 봅시다.

- 사회를 살아가면서 접하는 다양한 문화적 경험들을 통하여 인간은 이성적 요소 외에도 흥미라든가 감정, 욕구 등을 갖게 된다. 이러한 비이성적 요소들은 사실 우리가 살고 있는 사회에 있는 규범, 가치 등에 의해서 조형된 일종의 이데올로기적인 성격을 지닌다. 한 개인이 지닌 감정, 욕구, 관심사는 순수히 개이의 내면으로부터 발생된 것이 아니라 일정한 상황과 조건에서 허용될 수 있는 감정, 욕구로서 우리가 사회문화적 삶을 통하여 내면화한 것이라는 말이다. 획득적 요소로서 흥미, 감정, 욕구 등은 우리가 이미 태생적으로 가지고 있는 기질이나 성격과 맞물려서 우리 자신이 처한 상황과 조건에서 스스로의 존재의미, 정체성을 파악할 수 있도록 관여한다.

저는 학습자의 문화 정체성을 존중하는 첫 번째 단계가 우리 자신의 정체성을 인지하는 것이라 확신합니다. 우리가 참여하는 실천적 활동에 있어서 우리 자신이 어떤 사람일지를 인지해야 합니다. 자신이 행동하는 특정한 방식을 바탕으로, 그리고 자신이 생각하거나 말하는 특정한 방식을 바탕으로(예를 들면 '내가 가장 좋아하는 노래들'이라고 말하지 않고 일인칭 대명사에 조사 '의'를 붙여 '나의 가장 좋아하는 노래들'이라고 말하는 것), 또한 자신이 가지고 있는 취향과 습관을 바탕으로 우리는 자신이 어떤 이들과 유사한지를 인식할 수 있습니다. 이들은 자신과 동일한 혹은 유사한 계급에 속한 사람들입니다. 우리는 차이를 경험하면서 나의 부류와 너의 부류를 알아내게 됩니다. 정확히 말하자면 내가 나인 것은 너라는 존재가 나에게 타인으로서 이뤄져 있기 때문입니다. 마찬가지로 타인으로서의 너는 나라는 사람을 타인으로 두고 자신을 이루고 있는 것입니다.

우리는 우리와 다른 것을 열등한 것으로 단언해 버리는 경향이 강합니다. 우리는 우리가 존재하는 방식이 바람직하다고 생각할 뿐 아니라 다른 이들의 방식보다 낫다고 여기는 데에서 시작하곤 합니다. 이는 관용과 반대되는 사고방식입니다. 이는 차이 거부를 선호하는 거의 불가항력적 사고방식입니다.

지배계급은 피지배계급과 자신을 구분하는 권력을 가지고 있습니다. 이런 힘을 바탕으로 이들은 우선 지배계급과 피지배계급 간의 차이라는 발상을 거부합니다. 두 번째로는 자신을 다른 이들과 동등한 것처럼 가장하지도 않습니다. 세 번째로는 자신과 다른 이들과 동등하게 하려는 어떤 의도도 갖지 않습니다. 이들은 차이가 유지되고 거리가 지켜지기를 원하며 피지배계급의 열등함이 일상 속에서 계속 인지되고 강조되기를 바랍니다.

　진보적 교육자로서의 길을 스스로 선택하고 그 길을 지켜 나가는 교육자들이 넘어서야 할 과제 중에 하나는 사립학교에서 지배계급의 자녀들을 학습자로 만났을 때 이들이 중산층 계급의 교사를 교만하게 혹사하고 하찮게 대한다고 해서 교사가 스스로를 그들보다 열등한 것처럼 느끼지 않는 것입니다. 그리고 그런 느낌을 가진 상태로 실천을 계속해 나가지 않는 것입니다. 다른 한편으로는 공립학교 체제 안에서 빈민가에 살고 있는 학습자들을 만났을 때 저소득 계급의 그 아이들에게 우월감을 느끼지 않아야 합니다. 생활 속에서 안락함을 누리지 못하고, 잘 먹지 못하고, '옷을 깔끔하게 입고 다니지' 못하며, '문법에 맞게 말하지' 못하고 그들 내부에서 사용되는 문장 구조와 의미와 어조를 쓰며 말하는 그런 아이들에게 말입니다.

　진보적이고 일관된 교육자라면 이 두 가지 상황에서 마땅히 해내야 하는 몫이 있습니다. 첫 번째 상황에서는 무례한 아이들에게 단순히 복수하는 공격적인 자세를 취하지 않는 것입니다. 두 번째 상황에서는 이 아이들이, 이 불쌍한 작은 존재들의 무능함이 본성에 따른 것이라는 그 추측에 현혹되지 않는 것입니다. 첫 번째 상황에서 교육자들은 받은 대로 똑같이 되돌려 주겠다는 식의 복수하는 자세나 순종적인 자세를 보일 것이 아니라 교육자로서 책임 있는 권위를 발휘해야 합니다. 두 번째 상황에서 교육자들은 저소득 계급의 아이들을 향해 가부장적인 태도나 멸시하는 태도를 보이지 않아야 합니다.

　이런 포용력 있는 실천의 시작점은 교육이 정치적 실천임을 분명히 알고 확신하는 것입니다. 그러니 교육자가 곧 정치인이라는 점에 대해서도 다시 한번 이야기해 봅시다. 결과적으로 교육자들은 정치적인 성격을 띠는 자신의 선택에 일관성을 유지하며 행동을 해 나가야 합니다. 또한 학리(學理)적인 면에서 더욱 유능해질 필요가 있습니다. 학리적인 면에서 더욱 유능해진다면 교육자는 그들의 학생들이 살아가고 있는 구체적인 세계에 대해, 그리고 학생들의 언어와 문법과 의미와 억양이 실제로 발현되고 그들의 특정한 습관과 선호와 신념과 두려움과 바람이 형성되는 그 문화에 대해 아는 일이 얼마나 중요한지를 알게 될 것입니다. 교사들이 향유하고 있는 세계에서는 쉽사리 받아들여지기 어려운 그 문화에 대해서 아는 일이 얼마나 중요한지를 알게 될 것입니다.

교사가 가르칠 준비를 하는 일은 이론적으로 사고하는 맥락에서 완수될 수가 없습니다. 교육행위로부터 멀어져서는, 그리고 학습자들에게 섬세하면서도 직접적으로 영향을 미치는 실제 세계의 구체적인 맥락으로부터 멀어져서는 혹은 무관심해서는 가르칠 준비란 완수될 수가 없습니다.

특히 학습자들의 활동의 장이자 학습자들의 감성에 세심하게 작용하는 세계, 즉 학습자들과 직접적으로 연결되어 있는 그 세계의 구체적인 현실에 대해 무관심하고 이로부터 동떨어져 있는 자리를 고수한다면 교사는 제대로 된 수업 준비를 해낼 수 없습니다.

이론적인 맥락만 고려해도 수업을 준비할 수 있다고 여기는 이들은 학습자들이 학교에 들어오기 전에 경험적으로 이미 알고 있는 것과 교육내용을 연관짓지 않고서도 그 내용을 학습자에게 어느 정도는 전달할 수 있다고 생각하는 사람이거나, 교육내용이란 학습자들이 이미 알고 있는 것과는 독립적으로 학습자에게 충분히 전달될 수 있는 것이라 생각하는 사람입니다. 구체적인 맥락과 이론적인 맥락의 분리란

일시적인 것임을 알고 그 분리를 당연하게 받아들이지 않는 사람은 그런 생각을 할 수 없습니다.

교육내용은 마치 물건 꾸러미나 지식의 조각 같은 것이 아니어서 학습자들의 의식적인 몸에 그저 겹쳐 놓거나 나란히 놓을 수 있는 그런 게 아닙니다. 권위주의적이거나 전위적인 경우는 논외로 하고 말입니다. 가르침, 배움, 앎은 이런 기계적인 실천과는 전혀 관계가 없습니다.•

교육자들은 그들이 교육하는 아이들의 세계 안에서 어떤 일이 벌어지고 있는지를 알아야 합니다. 아이들이 꿈꾸는 세상이 어떤 것인지, 그들을 둘러싸고 있는 세상의 공격성으로부터 스스로를 교묘하게 보호하기 위해 사용하고 있는 언어에는 어떤 것이 있는지를 알아야 합니다. 그리고 학교에서 교육받은 것과 별개로 아이들이 어떤 것들을 알고 있는지, 그것을 어떻게 알게 되었는지 이 모든 것에 대해 교육자는 알아야 합니다.

이삼 년 전쯤에 캄피나스 대학교(University of Campinas)의 수학과 교수인 에두아르두 세바스티아니 페레이라(Eduardo Sebastiani Ferreira)와 물리학과 교수인 카를로스 아구엘로(Carlos Arguelo)가 파라나(Paraná)에서 열린 회의에 참석한 적이 있습니다. 그 회의는 일반 대중을 위한 수학 및 과학 교육에 관해 논의하는 자리였습니다. 첫날 아침 회의를 마치고 호텔로 돌아온 두 사람은 호텔을 한 바퀴 돌았고 공터에서 연을 날리고 있는 아이들을 보았습니다. 두 사람은 아이들에게 다가가 말

• 학교에서의 학습은 학생들이 학교에 오기 전에 일상의 다양한 경험을 통해 이미 터득한 사전 지식에 새로운 지식이 그저 물리적으로 더해지는 식으로 일어나는 것이 아니라는 의미이다.

을 걸었습니다.

"연을 날릴 때 보통 줄을 얼마나 푸니?" 세바스티아니가 물었습니다.

"한 50미터 정도쯤이요." 젤손(Gelson)이라는 아이가 대답했습니다.

"그렇구나. 그런데 50미터 정도 줄을 푼다는 것을 어떻게 계산한 거니?" 세바스티아니가 다시 물었습니다.

젤손이 대답했습니다. "대략 2미터 정도마다 매듭을 지어 놓았거든요. 줄이 제 손에서 풀려 나갈 때 매듭을 세면 대충 얼마나 줄이 풀렸는지 알 수 있어요."

"그러면 지금 연이 얼마나 높이 있는지 아니?"

"40미터 정도요."

"그건 어떻게 계산한 거니?"

"제가 얼마나 줄을 풀었는지 보고, 줄이 휘어진 정도를 함께 보면 대충 알 수 있어요."

"그렇구나. 우리로서는 삼각법을 이용하거나 도형이 얼마나 삼각형에 근사한지를 가늠해 보아야 계산해 낼 수 있는 문제란다." 세바스티아니가 말했습니다.

그러는 사이에 젤손이 말했습니다. "만약에 연이 제 머리 위로 똑바로 올라가면 제가 풀어 놓은 줄의 길이와 연의 높이가 같을 거예요. 하지만 지금은 연이 제 머리에서 멀리 떨어져서 기울어져 있기 때문에 제가 푼 줄의 길이보다 낮은 높이에 있는 거예요."

"그래. 그래서 각도 계산이라는 걸 한단다." 세바스티아니가 말했습니다.

다음에는 아구엘로가 그 아이에게 얼레를 감는 법에 대해서 물었습니다. 젤손은 네 가지 기본적인 작동법을 보여 주며 대답을 했습니다. 아이러니한 것은 물리학자의 질문도 막힘없이 해치워 버린 젤손이 학교에서는 수학 성적이 별로 좋지 않았다는 사실입니다. 우리는 이를 젤손에 대한 이야기가 아니라 젤손과 같은 아이들에 대한 이야기로 생각해야 합니다. 젤손이 알고 있는 것이 학교에서 소용없었던 이유는 젤손의 지식이 구체적인 상황에서 경험을 통해 배우고 습득하게 된 지식이었기 때문입니다. 젤손의 지식은 격식 있는 언어로 잘 정돈된 지식이 아니고 기계적으로 명쾌하게 암기된 지식도 아닙니다. 그리고 젤손이 다니는 학교에서는 오직 격식을 갖춘 잘 정돈된 언어로 표현된 지식 혹은 기계적으로 명쾌하기 암기된 지식만이 인정될 뿐입니다.

이 상황은 언어의 영역에서 더욱 악화됩니다. 저소득 계급의 아이들이 사용하는 문장 구조, 맞춤법, 의미, 억양과 같은 언어 표현이 그 자체로 경시되고 있지요.

저는 저소득 계급의 아이들이 브라질 공용어인 포르투갈어의 소위 표준 어법을 배우지 말아야 한다고 이야기하고 있는 게 아닙니다. 제 말이 가끔 그렇게 오해되기도 합니다만 제가 의도하는 바는 언어란 항상 이데올로기 문제, 그리고 권력 문제와 결부되어 있다는 점입니다. 예를 들어 '올바른 어법'이라는 것이 있다면 올바르지 않은 어법으로 인식되는 것이 있습니다. 누군가는 사람에 대해서도 교육받은 이와 제대로 교육받지 않은 이를 그와 같은 방식으로 구분하지 않을까요? 제가 진정으로 말하고 싶은 바는 저소득 계급 아이들이 표준 어법을 익혀야 하지만, 다음과 같은 사항 또한 분명히 강조되어야 한다는 것입니다.

- 저소득 계급의 아이들이 표현하는 방식도 올바른 어법과 마찬가지로 충분히 다양하고 아름답다. 그러므로 이 아이들은 자신이 말하는 방식에 대해 부끄러워할 필요가 없다.

- 그렇지만 저소득 계급의 아이들이 표준 구문과 억양을 배우는 것은 아래 두 가지 목적 때문에 기본적으로 필요하다.
    A. 자신의 삶을 살아가기 위한 갈등이나 투쟁 상황에 임할 때 약점이 될 수 있는 사항을 줄이기 위해
    B. 자신을 향한 부당함이나 차별에 대항하여 싸움을 벌여 나갈 때 가장 기본이 되는 도구를 갖추기 위해

저는 자신의 진보적이며 반(反)엘리트주의적 선택을 지켜 나가는 길이란 이런 방식으로 생각하고 실천하는 것이라고 생각합니다. 브라질 대통령 선거에서 룰라(Lula)는 스스로가 "충분히 진실하지 못하다."라고 말했습니다. 룰라의 이런 말을 근거로 그에게 반대하며 훨씬 더 진실하지 못한 콜로르(Collor)에게 표를 준 이들이 있습니다. 하지만 저는 그런 이들의 일원이 아닙니다.•

마지막으로 드리고 싶은 말씀은 이렇습니다. 민주적인 학교라면 학생들을 충분히 이해해야 하며 효과적인 수업활동을 전개하기 위하여 학생들의 실제 삶의 맥락에 항상 열려 있어야 합니다. 또한 민주적인 학교는 학생들이 놓여 있는 구체적인 상황과 학교와의 관계에 대해 기꺼이 학습해야 합니다. 학교가 스스로 민주적이라 자임할 수 있으려면 때로는 학교에 한 번도 와 보지 않은 이들을 만나 배우며 학교의 현재 모습을 스스로 제대로 인지하고자 하는 일에 진정으로 겸손해야

합니다.

　우리에게 필요한 민주적 학교는 가르치는 일을 교사들만 하는 그런 곳이 아닙니다. 배우는 일을 학생들만 하는 그런 곳이 아닙니다. 교장이 전능한 권력을 가지고 명령하는 그런 곳도 아닙니다.

● 프레이리가 이 부분에서 언급한 선거는 1989년에 있었던 브라질 대통령 선거다. 이 선거에서 우파 계열의 콜로르와 좌파 계열인 룰라가 대결을 벌였으며 2차에 걸친 투표 끝에 콜로르가 근소한 차이로 룰라를 제치고 대통령에 당선되었다. 이 선거는 29년 만에 치러진 대통령 직접선거였다. 콜로르는 대통령 선거 당시 참모를 통해 2,800만 달러에 상당하는 부정축재를 한 혐의로 1992년 10월 하원의 탄핵으로 직무정지되었고 상원에서도 탄핵절차가 진행되자 12월 29일에 대통령직을 사임했다. 12월 30일에는 상원이 탄핵을 최종 의결했다.

Letters to Those Who Dare Teach

아홉 번째 편지

이론적 맥락 그리고 삶의 구체적 맥락

이 편지에서는 이론적인 맥락과 구체적인 실제 삶의 맥락 간의 관계에 대해 살펴보고자 합니다. 또한 삶을 이론적으로 이해하고 실제 삶의 상황에 임하는 데 있어서 우리가 어떻게 행동하는지에 대해서도 살펴보고자 합니다.

이 주제에 대해 다루려는 가장 큰 이유는 이 둘 간의 관계가 우리의 사회적인 경험이나 역사적인 경험에 있어서도 중요하지만 우리가 일상생활에서 겪는 경험 안에서도 비중 있게 살아 숨 쉬고 있음을 부각해 보기 위해서입니다. 우리의 일상은 다양한 대상과의 관계로 가득 차 있습니다. 글을 쓸 때에 우리는 동원할 수 있는 수많은 단어를 서로 견주어 보며 각 단어들 간의, 혹은 전체 문맥과 단어들 간의 관계에 대해 생각합니다. 또한 우리는 사람들과 적대적인 혹은 우호적인 성격을 띤 관계를 수없이 맺고 있습니다. 서로 무관심하거나 배타적인 인간관계를 맺기도 하고 아주 은밀하게 혹은 노골적으로 차별을 드러내며 관계를 형성하기도 합니다. 우리는 교사와 학생으로서 관계를 맺고 살아가고 있으며 교사로서 가르쳐야 하는 주제와 학생으로서 이해하게 될 내용 간의 관계에 대해서도 끊임없이 고민합니다. 하지만 이 편지에서는 우리가 살아가면서 부딪히는 이 모든 관계에 대해 다루기보다는 구체적인 삶의 실제에서 벌어지는 실천과 이에 대한 이론적인 설명 간의 상호관련성에 특히 주목해 보고자 합니다. 이 점을 분명히 해 두고 이 편지를 시작하고 싶습니다.

    세상이 아주 역동적이든 정체되어 있든 이런 세상의 조건과는 상관없이 우리 자신과 우리 주변의 환경이 맺고 있는 관계가 삶의 가장 기본적인 조건이라는 점은 부정할 수 없는 사실입니다.

    우리는 타인과 관계를 만들어 가며 역사와 관계를 형성해 나가는 유일한 존재입니다. 우리는 이 관계를 끊임없이 발전시켜 나가는 중에 우리 자신을 끊임없이 재구성해 나갑니다. 우리는 이 세상과 우리가 맺고 있는 관계를 비판적으로 응시하기도 하고 솔직하게 응시하기도 하며 때로는 신비롭게 여기기도 합니다. 우리와 세상 간의 관계가 다른 생명체들이 주변 환경과 맺고 있는 관계와는 다르다는 사실을 깨닫기도 합니다.

    단지 살아있다는 사실을 인식하는 데 그치지 않고, 살아있음으로써 더 많은 것을 알아 갈 수 있다는 사실까지 알게 되면 이제 우리는 세상을 살아가면서 행하는 일련의 실천이 어떤 의미를 지니는지에 대해 학습하기 시작합니다. 이런 학습이 시작되면 더 이상 세상은 우리가 가만히 디디고 서 있는 단단한 받침†에 머물지 않습니다. 이런 학습을 통해 이 세상은 수많은 관계로 가득 찬 세상으로 재인식되고, 역동적인 실천을 통해 우리가 만들어 나가는 세상이 됩니다.

그러면 실천은 자신의 행위를 분명하게 의식하는 주체가 세상 속에서, 그리고 세상에 대하여 벌이는 의식적인 행동으로 서서히 발전해 나갑니다. 세상에 대해 이야기하며 세상에 대한 의식을 각성하는 그런 행동이 됩니다. 만약 주체가 자신이 어떤 행동을 하는지, 왜 하는지에 대해 충분히 깨닫지 못한 상태에서 무언가를 행한다면 이는 단지 세상을 배회하는 모습일 뿐 실천이라고 말할 수는 없습니다. 자신의 행동에 대해 분명하게 의식함으로써 행동은 실천에 한층 더 가까워집니다. 또한 그런 실천에 힘입어야 지식의 생산이 가능해집니다. 이런 점에서 실천에 대해 고민하는 자세는 실천으로부터 학문(science)을 태동시킵니다. 실천의 맥락 속에서 위상을 인정받는 그런 학문을 말입니다. 학문을 한다는 것은 세상에 관한 진리를 밝히고 살아 있는 존재들에 관한 진리를 밝히며 그 밖의 세상 만물에 관한 진리를 밝히는 활동이자 아직까지 밝혀지지 않았지만 밝혀 나가야 하는 진리들을 드러내는 그런 활동을 하는 것입니다. 또한 모든 이가 사회적 삶을 살아가는 가운데 새로운 요구들에 당면할 때 이에 객관적인 의미를 부여하는 활동을 하는 것이기도 합니다.

학문은 인간의 의식적 실천으로 만들어지는 활동이며 역사 속에서 행해지는 인간의 활동입니다. 그렇기 때문에 학문은 결코 역사에 우선하지 않습니다.

의식적인 행동으로서 실천은 그 자체에 대한 학문을 필요로 하며, 실천을 통해 관련 학문들을 발전시켜 갑니다. 따라서 생산과, 생산에

---

† [원주] 저의 다른 책 *Pedagogy of the Oppressed* (Rio de Janeiro: Paz e Terra, 1970)를 함께 보시기 바랍니다. (국내에 『페다고지(남경태 역, 2002)』로 번역되어 있다. 역자 주)

없어서는 안 될 기술과, 학문이라는 이 세 가지 요소의 관계를 우리는 늘 염두에 둘 필요가 있습니다.

아돌포 바스케스(Adolfo Vasquez)•는 "여러 학문 분야 가운데 생산력의 발달로부터 가장 긍정적인 영향을 받은 분야는 바로 물리학"이라고 말한 바 있습니다. 오늘날과 같은 엄밀한 의미의 물리학이 탄생한 것은 아주 최근입니다. 고대 그리스 시대나 중세 시대에는 물리학이 그 자체의 고유한 특성을 지닌 학문으로 다루어지지 않았습니다. 노예들이 일했던 그리스의 계급 사회나 중세 봉건주의 사회에서는 동원할 수 있는 생산력이 오늘날에 비해 미약한 수준이어서 굳이 물리학이란 분야가 필요하지 않았기 때문입니다.

물리학은 갈릴레오와 더불어 근대로 접어든 시기에 나타났고 신생 산업 분야의 구체적이고 현실적인 요구에 부응한 학문입니다.†

이론이 구체적인 세계 속에서 어떻게 실현되는지를 알기 위해서는 우리는 구체적인 세계로부터 스스로를 멀찌감치 떨어뜨려 놓아야 합니다. 우리가 전혀 의심조차 하지 않았던 이론에 관해서도 마찬가지입니다.

저는 캄피나스 대학교(University of Campinas)의 생물학자인 아다오 카르도소(Adao Cardoso) 교수가 아마존 오지에 사는 인디언 청년으로부터 창으로 물고기를 잡는 법에 대해 배웠던 이야기를 들었습니다. 이론적으로 해박한 지식을 가지고 있던 과학자 카르도소 교수는 청년에게 창을 왜 물고기를 향해 던지지 않고 배와 물고기 사이로 던졌는지에 대해 물었습니다. 청년은 이렇게 대답했다고 합니다. "저는 물고기를 향해 창을 던졌어요. 교수님이 제대로 보지 못한 걸 거예요. 우리 눈은 때로 거짓말을 하거든요." 인디언 청년은 그의 삶에 허락된 '과학적인' 수준에서 그 나름의 방식으로 굴절 현상에 대해 설명했던 겁니다.

인디언 청년은 자신이 물고기를 잡던 방식과 마을 주민들이 물고기를 잡던 방식을 토대로 하여, 물고기를 잡을 때 접하는 현상들에 대해 잘 알고 있었을 뿐만 아니라 실제 물고기를 잡을 때에 그 앎을 잘 적용하고 있었습니다. 그러나 그런 굴절현상이 나타나는 이유, 즉 그런 현상의 '존재 이유'에 대해서는 이해하지 못하고 있었지요.

이론과 실제라는 두 가지 맥락의 관계에 대해, 그리고 그에 대한 우리의 행동 방식에 대해 몇 가지 덧붙이고 싶은 이야기들이 있습니다.

구체적인 실제 맥락에 대해 먼저 이야기해 보겠습니다.†† 평범한 일상에서 늘 접하게 되는 하루 일과를 생각해 봅시다. 우리는 아침에 일어나 샤워를 하고 집을 나서 직장에 갑니다. 출근길에는 아는 사람도 모르는 사람도 수없이 많이 보지요. 교통신호를 지키며 발걸음을 재촉하다가도 초록색 불이 들어오면 거리를 건너고 빨간불에는 멈춰 기다립니다. 이렇듯 일상적인 상황에서 우리는 수많은 행동을 합니다. 하지만 왜 그렇게 하는지에 대해서는 별다른 의문을 품지 않지요. 우리는 보통 우리 자신이 무슨 행동을 하는지 알고 있지만 왜 그렇게 하는지에 대해서는 궁금해하지 않는 편입니다. 일상의 구체적 맥락 속

---

† [원주] Adolfo Sanchez Vasquez, *Filosofia de Praxis*(프락시스의 철학) (Rio de Janeiro: Paz e Terra, 1977).

†† [원주] 이 부분에 대해서는 Karel Kosik(카렐 코지크), *Dialectic of the Concrete*(Rio de Janeiro: Paz e Terra, 1976)을 참조하기 바랍니다. (국내에 『구체성의 변증법』(박정호 역, 2014)으로 번역되어 있다. 역자 주)

● 아돌포 바스케스(Adolfo Vasquez, 1915-2011)는 스페인 태생의 멕시코 철학자로 물질적 생산관계에 치중하여 자본주의를 비판하는 교조적 마르크스주의를 넘어 문화와 예술에 내포되어 있는 자본주의 모순과 이데올로기 비판을 시도한 마르크스주의자이다. 마르크스주의에 대한 바스케스의 입장은 프랑크푸르트학파의 해석과 비슷하다고 볼 수 있다.

에서 하는 행동들에는 대체로 이런 특징이 있습니다. 구체적인 일상 속에서는 우리가 사회화의 과정에서 터득한 수많은 지식의 조각들이 자동화된 습관처럼 행동으로 발현됩니다. 이런 방식으로 행동이 이루어지기 때문에 그 모든 것을 새롭게 의식하고 성찰하려는 마음은 들지 않습니다. 주위의 사물과 상황이 그렇게 존재하는 이유에 대해 탐색하고자 하는 호기심이 '일어나지' 않는 것입니다. 우리의 정신은 예상과 다르게 일어난 일이나 생소한 일에 주목하고 무언가 잘못된 것을 거의 즉각적으로 알아차리는 데 주력합니다.

그럼 이제 실제적이고 구체적인 실천 상황에서 우리가 행동하는 방식에 대해 좀 더 깊이 살펴봅시다. 실제적이고 구체적인 실천 맥락에서는 실천 행위와 그 실천에 관해 가지고 있는 지식이 서로 분리되지 않습니다. 또한 그렇게 실천과 지식이 분리되지 않는 구체적인 맥락 안에서 우리는 인식론적인 호기심을 늘 품지는 않습니다. 일정한 상황에서 자연히 모종의 행동을 하도록 하는 습관이 이미 형성되어 있기 때문이지요. 앞서 언급한 일상적 상황이 아닌데도, 즉 벌어지는 일에 대하여 보다 더 의식하고 주목해야 하는 그런 상황에서조차도 우리는 그 상황에서 어떤 일이 벌어지고 있는지에 대해 여전히 의식적인 주의를 기울이지 않는 경우가 많습니다. 그러니 우리가 끊임없는 연습을 통해 도달해야 할 완벽한 모습이 있다면 자신이 인식론적 호기심을 최대한 체계적으로 사용하고 있다고 스스로 확신할 수 있을 정도에 이른 모습, 그리고 그렇게 되도록 스스로를 꾸준히 연습시켜 나가는 모습입니다.

이를 위해 끊임없이 연습을 해 나갈 때 교육자인 우리에게는 핵심적인 과제가 하나 주어집니다. 이론적인 맥락에서, 우리가 수행하는 실천으로부터 거리를 두는 것입니다. 즉, 실천과 관련하여 우리가 이미 가지고 있던 지식과 그 지식의 바탕을 이루는 어떤 학문으로부터 그 실천을 분리해 내는 것이 관건입니다. 달리 말하면 이론적인 맥락에서 볼 때, 우리가 수행하는 실천으로부터 어떻게 '스스로 거리를 둘' 것인지의 문제, 그리고 우리가 하는 실천의 존재 이유를 이해하는 데 필요한 인식론적 호기심을 어떻게 가질 것인지의 문제가 관건이라는 말입니다.

과학과 철학 덕분에 우리는 자신이 행하는 바를 지식에 비추어 생각해 보며 자신의 행동과 모습을 바로잡아 갈 수 있고 그럼으로써 좀 더 온전해지는 계기를 만들 수 있습니다. 제가 말씀드리는 '실천에 대해 생각하기'란 바로 그런 것입니다. 실천에 대해 생각해 봄으로써 우리는 좀 더 깊이 생각할 수 있는 능력을 기를 수 있고 실천의 수준을 높일 수 있습니다. 또한 실천을 생각하고 새로이 해 나갈수록 우리는 어떤 확신에 도달할 수 있을 것입니다. 예컨대 학생들이 일상에서 어떻게 생각하는지를 알지 않고서는 교육내용을 제대로 가르칠 수 없다는 확신에 이를 것이고, 학교에서 배우는 것과 상관없이 학생들이 각자의 삶 속에서 이미 알고 있는 바에 대해 고려해야만 학생들을 성공적으로 가르칠 수 있다는 확신에 이를 것입니다. 교사는 학생들이 각자의 삶 속에서 경험하고 터득해 배운 것이 무엇인지에 관심을 가짐으로써 학생들이 이미 알고 있는 것에는 깊이를 더해 줄 수 있으며 아직 모르는 것이 무엇인지를 찾아내어 잘 가르쳐 줄 수 있습니다.

우리는 도시 외곽에 위치한 학교에 다니는 수많은 학생이 처해 있는 열악한 물리적 교육환경에 대해 생각해 보지 않을 수 없습니다. 이 학생들은 낙후된 생활공간, 부족한 급식, 학교에서든 가정에서든 부족한 독서시간, 폭력과 죽음을 늘상 접하게 되는 환경에 노출된 채 살아가고 있습니다. 아이들이 학교생활을 시작하는 초등교육에서도, 교사 양성 교육과정에서도 이런 열악한 여건에 대해서는 제대로 관심을 기울이며 다루지 않습니다. 하지만 이 모든 여건이 분명 이 나라의 수많은 카를로스, 마리아, 카르멘 들의 삶에 막대한 영향력을 행사할 뿐 아니라 이 아이들의 문화 정체성이 형성되는 데에도 영향을 미친다는 건 부정할 수 없는 사실입니다.

상파울루에 있는 한 학교에서 교사 연수 과정을 마친 젊은 여성들이 저를 찾아왔던 일이 있었습니다. 그런 일이 종종 있곤 했지요.

이들은 모두가 윤택한 생활환경에서 살고 있는 중산층 여성들이었는데 머지않아 빈민가 소이지여에 있는 학교에 발령받게 될 일을 앞두게 되자 마치 엄청난 위협을 당한 것처럼 두려움이 든다고 이야기했습니다.

"사실 저희가 받은 교육 전체를 통틀어서 단 한 번도 빈민가가 어떤 곳인지, 빈민가에 살고 있는 아이들은 어떤 특성을 가지고 있는지에 대해 이야기를 들어 본 적이 없어요. 빈민이 살고 있는 지역에 대해 알고 있는 것이라고는 고작 텔레비전과 신문을 통해 알고 있는 정보가 전부입니다. 그나마 그것도 빈민가는 폭력 사건이 빈번하고 그래서 그곳에 사는 아이들이 쉽게 범죄의 수렁에 빠지게 된다는 것 정도뿐이에요."

이들은 빈민가가 마치 스스로 만들어진 것처럼 이야기하고 있었습니다. 빈민 지역의 열악한 여건은 잘못된 사회의 불평등한 구조가 사회적 약자를 '삶으로부터 배제'하는 상황에서 약자들이 생존하기 위해 몸부림치는 과정에서 생겨난 것임을 전혀 생각하지 못하고 있었습니다. 이들은 빈민가를 그저 윤리적 일탈이 행해지는 은신처이자 영혼을 잃어버린 타락한 사람들의 공간으로 여기고 있었습니다. 그리고 빈민 지역에 살고 있는 아이들에게는 어떤 희망 같은 것이 없는 것처럼 이야기했습니다.

 이 모든 상황을 직시할 때 제 안에서 일어나는 자연스러운 분노와 격한 노여움과 필연적인 분개를 해소할 방법은 제 생각에는 정치적-민주적 투쟁뿐입니다. 이는 브라질 사회에 없어서는 안 될 투쟁입니다. 이 투쟁이 없이는 지금의 상황이 악화될 뿐 사라지지 않을 것이기 때문입니다.

 그렇기 때문에, 도시 내부 각 지역을 가로지르는 거대한 터널을 만들거나 이미 잘 개발되어 있던 지역에 초록빛 가득한 공원을 더하는 일은 제가 생각하기에는 훌륭한 일이 아닙니다. 물론 이런 것들이 진정으로 훌륭한 일의 일부를 이룰 수도 있겠습니다만 브라질이란 나라가 이 땅에 '생긴' 이래로 인간다운 삶의 가능성을 억압받아 온 빈곤 계급에 속한 이들을 인간화하는 일이 우선 사항이어야 합니다.

 교사 연수와 같은 계속교육에 꼭 포함되어야 하는 내용이 있습니다. 우리가 놓여 있는 문화적 맥락에 의해 우리가 어떻게 조건화되어 있는지에 대하여, 우리가 행동하는 방식에 대하여, 우리가 지향하고 있는 가치에 대하여 이론적 맥락에서 비판적으로 성찰하는 내용이 교사 연수에 없어서는 안 됩니다. 경제적 어려움이 개인에게 미치는 영향에 대해 성찰해야 하고 그것이 학습 역량을 어떻게 잠식해 나가는지에 대해서도 성찰해야 합니다. 경제적 어려움이 누군가를 '멍청하게 만드는' 힘까지는 가지고 있지는 못하지만 말입니다. 교육을 이론적으로 준비하는 그 맥락이 이후에 그대로 행동의 맥락으로 전환된다고 생각해서는 절대 안 됩니다. 교육과 연관된 이론적 맥락은 특정한 과업의 맥락이자 프락시스(praxis)*의 맥락으로 전환됩니다. 즉 교육을 이론적으로 준비하는 그 맥락은 이론적 맥락이자 실천적 맥락입니다.**

교사 연수에서 이론적인 맥락을 다룰 때에는 이론과 실천의 변증법적 관계가 충분히 담겨야 합니다. 이론과 실천의 변증법적 관계를 고려하지 않는다면 실천적인 교사 연수는 만들어질 수가 없습니다. 교사 연수에서 교육자들로 하여금 그들의 학생들에게 "좋은 아침입니다."라고 인사하도록 가르친다거나 선 그리기 활동에서 학습자들의 손 모양을 어떻게 잡아 주어야 하는지와 같은 것을 가르치는 상황만 생각해 보더라도 이론을 구체적인 상황에 진지하게 적용하는 태도 없이 실제적인 훈련이 가능하다는 것은 과학적으로 틀린 생각입니다. 학생들에게 어떤 이야기를 전하거나 어떤 이론 수업을 진행할 때에, 교사와 그들의 학생들이 놓여 있는 구체적인 현실을 염두에 두지 않는다면 목적은 달성될 수 없습니다. 이는 교사가 순수한 행동이 아니라 실천을 해 나갈 동기를 품고 실천의 의미를 깨달아 나가는 그 맥락을 충분히 존중하지 않아 벌어지는 일입니다. 이론이 아무리 틀림없는 것일지라도 이론의 힘만으로는 이론과 다른 맥락인 실천 안에서 지식으로 제대로 설 수는 없음을 인지하지 못했기 때문에 벌어지는 일입니다.

지금까지 이야기한 이 모든 상황은 이론과 실천에 대한 이해가 왜곡되어 있음을 보여 줍니다. 앞서 '시작하는 글'에서 교사가 배제된 교사 교육 자료에 대해 언급했었는데 이 또한 이론과 실천에 대한 잘못된 이해를 보여 주는 예이자, 진보적 성향의 교육자들이 반동적으로 행동하는 경우를 보여 주는 예입니다.

40년 전쯤에 저는 페르남부쿠의 산업체사회공헌교육센터(SESI: Education of Social Service of the Industry)† 운영자로 일했습니다. 그때 저는 아이들에게 글 읽는 법을 가르치는 데 있어서 무엇보다도 먼저 낱자부터 가르쳐야 한다고 생각하는 노동자 계급의 부모들을 이해시키기 위해 치열하게 노력했습니다. 당시에 그들은 아이들이 단어 간의 상호관계를 파악하고 사고의 구조가 드러나는 문장 수준에서 글을 배우기보다는 낱자부터 배우기를 선호했습니다.

제가 만났던 부모들과 교사들은 한결같이 이렇게 이야기했습니다. "저희가 아는 다른 사람들도 다 그랬고, 지금 글을 읽을 줄 아는 모든 사람들이 배웠던 그 방식대로 우리 아이들이 낱자 카드를 손에 들고 먼저 글자부터 외우면 좋겠어요. 우리 할아버지 세대들도 그렇게 배웠고, 우리 아버지 세대, 우리 세대도 마찬가지였죠. 그런데 왜 우리 아이들 세대는 그렇게 배우면 안 된다는 거죠?" 이에 대한 부모와 교사의 대화는 때로는 논쟁으로 번지기도 했습니다. 저는 이를 통해 어

---

† [원주] 이 부분에 대해서는 저의 다른 책 *Pedagogy of Hope: A Return to the Pedagogy of the Oppressed* (Rio de Janeiro: Paz e Terra, 1992)에 있는 Ana Maria Freire(아나 마리아 프레이리)의 주석 5를 참조하기 바랍니다. (『희망의 페다고지』(강성훈, 문혜림 역, 2020)) 37~39쪽 주석 4에 해당한다. 역자 주)

• 프락시스(praxis)란 한마디로 정의하면 '의식적 실천'이라고 힐 수 있다. 프락시스는 자신에게 부과되는 기대와 조건에 좌우되어 활동하는 것이 아닌, 주체적인 요구와 관심을 분명히 의식하고 표현하며 이를 바탕으로 현실의 문제 상황을 변혁하려는 구체적인 실천을 말한다. 프레이리는 억눌리고 소외받는 개인들이 자신에 대한 억압과 사회적 부조리를 극복하기 위해서는 이들의 주체적인 실천인 프락시스가 중요하다고 보았다.

•• 앞서 프레이리는 실천을 순수한 행동과 달리 인식론적인 행동 혹은 인식론적 호기심을 수반한 행동으로 보았으며 실천과 학문이 맞닿아 있다고 했다. 여기에서 프레이리는 이론적인 맥락과 구체적인 실제 맥락에 해당되는 것이 따로 있지 않으며 이론적인 맥락은 구체적 실천으로 전환되는 것이지 순수한 행동으로 전환되는 것이 아니라고 함으로써 이론과 실천의 비분리성을 강조했다.

떤 사회적 실천은 그 실천 행위를 정당화하는 지식을 생산한다는 사실을 깨달았습니다. 그리고 온전히 '경험으로부터 얻어진 지식'은 존중받아야 한다는 점에 대해서도 생각했습니다. 아울러 그런 앎에 맞서기 위해서는 이론적 지식을 바탕으로 해야 한다는 사실도 확인했습니다.

제가 어떻게 점차 일관된 소신을 가지게 되었는지 그리고 문제에 부딪힐 때 어떻게 이를 모른 체하지 않게 되었는지에 대해 지금도 생생히 기억하고 있습니다. 이전에 저는 학교의 교육정책에 대해 논쟁하면서 아이들의 부모가 지닌 권리를 이미 옹호했던 적이 있었습니다. 그리고 저는 아이들이 글을 읽고 쓰는 법을 배우기 시작할 때 부모들이 아이들에게 날자부터 가르쳐 달라는 부탁을 하거나 학교에서 아이들을 좀 더 엄하게 지도해 달라는 잘못된 부탁을 하기도 한다는 사실도 분명히 알고 있었습니다. 많은 부모들이 이렇게 이야기하곤 했습니다. "남자 아이들은 때려야 사내다워져요. 아이들이 제대로 배우려면 가르칠 때 벌을 주어야 해요."

부모들이 가지고 있던 이러한 생각 중에 대부분은 권위주의적 이데올로기가 의식 깊숙한 곳에 '자리 잡혀' 있는 일부 교사들도 가지고 있는 것이었습니다. 사실 부모들과 마찬가지로 일부 교사들도 학생들의 자유로움을 불편하게 여기거나 그 자유로움에 분노하곤 했고 학습자를 두려워하기도 했습니다. 또한 앎의 과정에 있어서 자신에게 요구되는 것을 외면했고 행복을 찾아 나서는 동반자가 되는 데에 필요한 열정과 보상은 스스로 포기해 버리곤 했습니다.

SESI에서 일하던 그 시절에 겪은 일들은 제게 무척 뜻깊은 학습경험이었습니다. 예를 들면 저는 일관성을 견지한다는 것이 앞서 말한 부모들의 잘못된 점을 그대로 수용하는 것도 아니며, 반대로 제가 가지고 있는 논리를 관철시켜서 이들의 잘못된 요구를 불식시키는 것도 아니라는 사실을 깨달았습니다. 교사들은 그저 부모들의 이야기가 과학적이지 않다는 이유를 들며 항상 거부해서는 안 됩니다. 또는 반대로 민주적으로 존중해야 한다는 이유 때문에 부모들의 이야기를 마냥 수용하며 "아니요."라고 말하지 못해서도 안 됩니다. 교사들은 이래도 좋고 저래도 좋은 미적지근한 사람이어서는 안 됩니다. 교사들은 부모들의 주도적인 모습을 분명하게 지원할 필요가 있습니다. 왜냐하면 진보적인 교사라면 부모들이 학교의 교육정책에 대해 소신껏 자신의 의견을 개진하고 비평할 수 있는 권리가 있음을 말해 왔고 또 인정해 왔을 것이기 때문입니다. 그러나 교사들이 부모들이 요구하는 모든 것에 대해 무조건 "네."라고 말하는 것도 적절하지 않습니다. 여기서 교사가 보여야 할 올바른 대응은 정치적이고 교육적인 대응입니다. 부모들의 이야기에 교사는 자신의 입장을 분명하게 드러내는 솔직한 대화이자 논쟁으로 응해야 합니다.

저는 당시에 관리하고 있던 모든 학교에 가서 학부모와 교사들과 함께하는 모임에 참석해 질문했습니다. 혹시 '비읍, 티읕, 피읖' 같은 말로 처음 말을 시작하는 아이가 있는지 물었습니다. 이 질문을 받고 학부모 대다수가 보여 준 당황한 표정, 놀란 표정, 재미있어 하는 표정, 호기심 어린 표정 들이 아직도 기억납니다.

어느 정도 조용한 시간이 흐르더군요. 조금 시간이 지나자 한 사람이 조용히 미소 지으며 "계속 이야기해 보세요."라고 재촉하듯 옆자리에 앉은 다른 학부모를 팔꿈치로 쿡쿡 찔렀습니다. 그러자 그 사람은 다른 참석자들의 동의를 구한 뒤에 이렇게 말했습니다. "최소한 제가 본 바로는 말하기 시작하는 아이들 중에 아무도 그렇게 글자부터 말하는 아이는 없었던 것 같네요. 대부분 '엄마', '밥', '싫어.', '하고 싶어.' 같은 말로 처음 말하기 시작하는 것 같아요."

이 이야기에서처럼 모든 사람은 말을 배우기 시작할 때 낱자부터 말하지 않고 단어나 간단한 문장으로 말하기 시작한다는 점에 주목해 주시면 좋겠습니다. 어린아이가 울면서 "엄마."라고 말한다면 그것은 아마도 "엄마, 배고파요." 또는 "엄마, 쉬했어요." 같은 의미로 자신의 상황을 전하기 위함일 겁니다. 아이는 자신의 의사를 표현하기 위해 짤막한 단어들을 동원하여서 사실 '한 단어 문장'을 말하고 있는 셈입니다. 모든 사람이 어린 시절에 이런 식으로 말문을 트기 시작합니다. 이런 사실을 부정할 수 없다면 다음과 같은 의문을 제기하는 것은 지극히 당연한 일입니다. 왜 우리는 글을 읽고 쓰는 법을 배울 때 유독 학교에서만큼은 굳이 낱자부터 외워야 하는 걸까요?

누구도 타인에게 말하는 법을 속속들이 가르칠 수 없습니다. 모름지기 말하는 법은 세상을 살아가면서, 즉 가정에서, 거리에서, 마을에서, 학교에서, 일상생활 가운데에서 배우게 되는 것입니다. 인간의 언어인 말은 후천적인 습득의 대상입니다. 인간은 말을 사회적으로 습득합니다. 말하기는 쓰기에 훨씬 앞서 일어납니다. 말하기는 쓰기에 담길 수 있는 내용을 발화하는 행위이니 일종의 '쓰기' 행위로도 볼 수 있는데 다만 사람들이 쓰기라고 일컫는 것을 하기보다 훨씬 앞서서 일어나는 일입니다. 그리고 말하기 위해서는 말을 해야 하고 쓰기 위해서는 써야 합니다. 누구도 걷지 않고서 걷는 법을 익힐 수 없는 것처럼 쓰지 않으면 어느 누구도 쓰는 법을 익힐 수 없습니다.

바로 이런 이유로 우리는 아이들에게 말하고 쓸 기회를 가능한 한 많이 마련해 주어야 합니다. 아무렇게나 낙서를 하는 행동도 분명 일종의 쓰기 행동입니다. 그러므로 아이들이 낙서를 한다면 쓰기를 시작하는 행동으로 이를 이해해 주고 격려해 줄 수 있어야 합니다. 그저 쓴다는 사실만으로도 아이들을 칭찬해 주어야 하고 아이들이 일상에서 자기들만의 이야기를 만들어 말하는 사실 자체를 칭찬해 주어야 합니다.

지금까지 말한 이런 내용의 대화를 부모들과 교사들과 함께 만나는 모임에서 계속해 나갔습니다. 그러자 그 모임은 우리 주위의 일상 환경이 현재의 모습으로 존재하고 있는 이유를 이론적으로 탐색하고 이해하는 모임으로 조금씩 변모해 가기 시작했습니다.

고민이 무척 많았던 한 어머니와 나누었던 대화가 아직도 기억납니다. 그때 우리는 열 살 난 아이에 대해서 대화를 나누고 있었는데 그는 자신의 아이를 아무런 "대책이 서지 않고" "신경질적"이며 "말을 듣지 않고" "참을성도 없고" 아주 "진저리가 나는" 아이로 묘사했습니다. "제가 그 아이를 제지할 수 있는 유일한 방법은 집 앞 정원에 있는 커다란 나무에 묶어 두는 것뿐이에요." 이렇게 말하던 순간에 그는 실제로 아이를 나무에 묶어 두는 상황에 지을 법한 표정을 지었습니다.

저는 말했습니다. "그러면 아이를 혼내는 방법을 조금 바꿔보면 어떨까요?" 말을 이어 나갔습니다. "어머니께서 아이를 혼내면 안 된다는 말씀이 아니에요.. 아무리 어리더라도 피터도 엄마가 자기를 볼 때마다 늘 혼만 내고 벌만 준다고 생각하고 있다면 정말 싫고 이상하다는 느낌뿐일 겁니다. 피터가 잘못한 것에 대해서 혼내시되 방법은 바꾸는 것이 좋겠다는 말씀을 드리고 싶어요. 피터가 하는 행동 가운데 무엇이 나쁜 행동인지 피터가 스스로 느낄 수 있도록 해 보시면 좋겠습니다. 덜 폭력적으로 말이에요. 그러면서 피터에게 엄마가 많이 사랑한다고 표현도 해 주시고, 피터가 가지고 있는 권리와 의무에 대해 일러 주는 것도 필요해 보입니다. 예를 들면, 피터가 놀고 싶으면 당연히 놀아도 좋지만 한편으로는 다른 친구들을 존중하며 함께 놀아야 한다는 점을 인식시켜 주는 식이지요. 또 공부하는 것이 지겹고 재미없게 느껴지는 감정을 갖는 것은 피터의 자유이자 당연한 권리이지만 한편으로는 해야 할 숙제를 마땅히 다 끝낼 의무가 있다는 사실을 함께 알려 주세요. 우리와 마찬가지로 피터에게도 마찬가지로 어느 정도의 제한은 필요합니다. 아무도 자기가 원하는 만큼 바라는 대로 다 누릴 수 없지요. 어떤 제한에도 구애되지 않은 채 사회생활을 한다는 것은 사실상 불가능한 일이니까요."

저는 계속해서 이야기했습니다. "그렇다고 어머니께서 피터를 나무에 묶어 둔다거나 매일같이 피터가 저지른 '실수'를 지적하고 지루하게 훈계하는 것은 좋은 방법이 아니에요. 무엇보다도 피터가 조금씩 수긍할 수 있도록 방법을 바꿔 가면 좋겠습니다. 어머니와 피터의 관계가 좀 더 원만해질 수 있도록 훈육 방법을 바꿔 가면 피터의 생활태도도 변할 겁니다. 피터와 대화하는 건 아마 쉬운 일은 아닐 것입니다. 하지만 꼭 이겨 내셔야 합니다."

피터의 아버지는 일 년 전에 집을 나간 상황이었습니다. 어머니는 몇몇 집에서 빨래를 하면서 생계를 이어 갔는데 피터의 누이동생이 그런 엄마의 일손을 거들고 있었습니다. 대화를 마치고 나서 피터의 어머니는 내 손을 꼭 잡았습니다. 그는 새로운 희망을 찾게 된 것처럼 보였습니다.

그 모임은 한 달 정도 후에 다시 열렸고 피터의 어머니는 맨 앞줄에 앉아 있었습니다. 모임이 한창 진행되는 가운데 그는 부모가 좀 더 많은 인내심을 가지고 아이들을 부드럽게 훈육하는 것이 정말 좋다는 취지의 이야기를 꺼냈습니다. 자녀들과 부딪치는 실제 상황에서 그렇게 대처하는 것이 매우 어렵다는 사실은 인정하지만 인내심을 가지고 부드럽게 훈육하기 위해 노력하다 보면 자녀들과 좀 더 긍정적인 관계를 형성하고 대화를 할 여지가 분명히 생긴다고 이야기했습니다.

모임을 마치고 나가는 길에 그는 내게 다가와 다시 손을 잡고 말했습니다. "정말 감사합니다. 더 이상 피터를 나무에 묶어 두지 않아도 돼요." 그는 자신이 만들어 낸 변화에 대해 스스로도 뿌듯함을 느끼는 듯 밝게 웃으며 다른 어머니들과 함께 집으로 돌아갔습니다.

학교에서는 학생들과 그들의 가족의 일상에 구체적으로 어떤 일이 일어나고 있는지를 결코 간과하면 안 됩니다. 실천적인 맥락에서 그리고 이론적인 맥락에서 그렇습니다. 예컨대 학생이 가정에서 어떤 일을 겪는지, 그리고 그들이 처한 사회문화적 맥락에서 글을 얼마나 많이 접하고 있는지를 제대로 알지 못한다면 학생들이 글을 배우는 수업에 임할 때 처하는 어려움을 어떻게 충분히 이해할 수 있을까요?

부모가 지식인인 가정에서 태어났기 때문에 부모가 읽고 쓰는 것을 평소에 많이 보아 온 아이도 있지만, 정반대로 부모가 읽는 것은 말할 것도 없고 대여섯 컷 정도의 선거용 선전과 상업광고조차 제대로 이해하지 못하는 가정에 속해 있는 아이도 한 교실 안에 있는 것이 엄연한 현실입니다.

루이자 에룬지나(Luíza Erundina)가 상파울루 시장이던 시절에 저는 시 교육사무국장으로 일한 적이 있습니다. 그때 한 인터뷰에서 비문해자 비율이 높은 인근 지역에 '문장 심어주기(planting sentences)' 프로젝트를 추진했을 때 성공 가능성이 얼마나 되는지에 대해 질문받았던 적이 있습니다. 이 프로젝트는 해당 지역의 아이들과 성인들이 다양한 수준의 문장에 관심과 호기심을 가지도록 하는 것을 목적으로 추진되고 있었습니다. 제시되었던 문장 모두는 교육적으로 가르칠 만한 수준이라는 점을 지역 내 여러 학교들로부터 인정받은 것들이었는데, 결과적으로 그 프로젝트에서 주목받게 된 문장들은 그 지역의 구체적인 사회문화적 상황이나 실제에 대해 서술한 것들이었습니다.

성인 문해 사업이 활발히 전개되던 칠레의 한 농촌개발지역에 머물며 망명생활을 이어 가고 있던 때에 글을 깨친 농민들이 커다란 나무에 글을 새겨 놓은 것을 본 적이 있습니다. 새겨져 있는 문장들을 보면서 저는 놀라움과 벅찬 행복감을 느꼈습니다. 사회학자 마리아 에디 페레이라(Maria Edi Ferreira)는 그렇게 글을 새길 수 있게 된 농민들을 "문자의 씨앗을 뿌리는 이들"[†] 이라 불렀습니다.

문자해득이 거의 이루어지지 않은 지역의 사람들이 오직 우리가 '단어와 문장을 심어 주어야'만 언젠가 글을 읽고 쓰게 될 날을 맞이할 거라고 생각하는 이가 없기를 바랍니다. 이는 절대 사실이 아닙니다. 물질적 차원에서든 정신적 차원에서든 새로운 사회적 필요가 일어난다면 문자해득의 문제는 마을 안에서 스스로 실마리를 찾아 해결할 수 있습니다. 다만 이러한 변화가 본격적으로 일어나기 전에 아이들에게 단어나 문장들을 '심어 주려고' 의도적으로 노력함으로써 이들이 읽고 쓰는 힘을 갖도록 돕는 일도 가능할 뿐입니다.

이론과 실천의 변증법적 관계를 토대로 해야만 학습자들로 하여금 자신의 일상 속 실천들을 비판적으로 성찰하는 일을 꾸준히 해 나가게 할 수 있습니다. 특히 개인 활동보다는 그룹 형태로 진행하면 더욱 생생하고 지속적으로 훈련하는 데 훨씬 좋습니다. 그룹 형태로 비판적 성찰 훈련을 함으로써 학습자들은 자신이 처한 실제가 어떻게 이루어진 것인지 그 과정을 이해할 수 있을 뿐만 아니라 자신에게 부여된 실제 그 자체에 대해서도 보다 분명하게 파악할 수 있습니다.†† 진보적 입장에서 볼 때, 그룹 형태의 비판적 성찰 훈련과 관련하여 가장 우선적으로 고려해야 할 사항은 바로 그룹의 리더십입니다. 민주적이고, 참여자들을 끊임없이 각성시켜 호기심을 잃지 않도록 하며, 겸손하면서도 학문적으로도 유능한 리더십이 없다면 그룹 형태로 진행하는 비판적 성찰 훈련은 생산적이기 어렵습니다. 이런 리더십이 충분히 갖추어지지 않은 상태에서 그룹 형태로 비판적 성찰 훈련을 진행하면 실천에 대한 이론적 규명이 충분히 이루어지지 않을 가능성이 높기 때문입니다. 또한 학문적 역량이 구성원들보다 탁월한 수준에 이르지 못한 리더십으로는 너무나 익숙한 실천들을 제대로 해체해 내지 못할뿐더러 실천 자체를 파고들어 해명해 내지 못하기 때문입니다. 또한 실천 과정에서 일어난 오류나 실수를 성찰함으로써 구성원들로 하여금 어떤 깨달음에 이르게 하기도 어렵고 현실을 왜곡하는 이데올로기의 '배신'에 대해서도, 앎의 과정을 어렵게 하는 난관들에 대해서도 제대로 인식하도록 하기가 어렵기 때문입니다.

---

† [원주] 저의 다른 책 *Pedagogy of the Oppressed* (Rio de Janeiro: Paz e Terra, 1970)를 참조하기 바랍니다. (국내에 『페다고지』(남경태 역, 2002)로 번역되어 있다. 역자 주)
†† [원주] 루이자 에룬지나 시장의 재임기간 니네 교육비서관은 상파울루 대학(University of São Paulo), 캄피나스 대학(University of Campinas), 상파울루 폰티프 카톨릭 대학(Pontiff Catholic University of São Paulo)과 함께 교육자 그룹을 훈련하는 일을 계속 진행하였습니다. 훈련받는 교육자 그룹에 마달레나 프레이리 웨포트 교수는 특별한 헌신을 기울였습니다.

그룹 형태의 비판적 성찰 훈련과 관련하여 고려할 두 번째 사항은 그룹의 구성원들이 자기 자신에 대하여 가지고 있는 지식입니다. 즉 그룹 구성원들이 가지고 있는 자기 정체성에 관한 문제입니다. 비판적 성찰 훈련을 함께 하는 그룹의 일원으로서 각자의 정체성이 올바로 서지 않으면 성찰 훈련에서 수많은 어려움에 봉착할 가능성이 농후합니다. 자신이 무엇을 반대하고 그 무언가를 왜 반대하며 무엇을 선호하는지, 그리고 자신의 지식을 누구와 더불어 키워 갈 것인지의 문제를 마주할 때 자신의 성향이나 기질을 분명히 확인하기 어려울 것이기 때문입니다. 즉 구성원이 자신의 경험을 비판적으로 성찰하지 못하고 성찰을 통해 모종의 지식을 얻지 못함으로써 자신이 원하는 바가 무엇인지 그리고 원하는 바를 어떻게 다루어 나가야 할 것인지를 스스로 알아가기 어려울 것입니다.

자신이 실천한 바에 대해 생각하고 탐구하는 그 실천은 우리로 하여금 대상에 대하여 이미 가지고 있던 인식과 지식을 재고해 볼 여지를 제공해 줍니다. 나아가 자신이 지닌 지식을 계속해서 갱신해 나가는 활동의 원동력이 됩니다.

실천에 대해 자세히 설명하고 그간의 오해와 실수를 발견해 나가는 그룹 형태의 성찰 활동을 이론적인 맥락으로 계속해 나가는 한 우리는 필연적으로 학문적 지식의 지평을 넓혀 나가게 됩니다. 그리고 이미 저질러진 그리고 인지하고 있는 실수들을 극복할 수 있도록 스스로를 '무장'하지 않았던 그 상태에서 벗어나게 됩니다. 이 필연적인 지평의 확장으로 인해 우리는 실천에 대해 되돌아볼 필요를 느꼈던 그때까지 지평을 바라보는 데 사용했던 렌즈가 넓어지는 느낌을 받을 것입니다. 그리고 어떤 한 가지 사항을 명확히 보고 난 뒤에는 정체가 드러날 필요가 있던 또 다른 것이 보이게 될 것입니다. 이것이 실천을 성찰하는 과정에서 일어나는 역동입니다. 실천에 대한 성찰이 실천을 더 잘 할 수 있도록 가르침을 주고, 실천에 대한 성찰이 성찰을 더 잘 하게 만들어 주는 것은 바로 이런 역동 때문입니다.

이런 점에서 지적 활동에는 이론적 측면에서 실천에 완전히 몰두하고 곰곰이 탐구하는 행위가 필요합니다. 이 탐구 과정에는 세상을 비판적으로 해독하기 위한 노력의 일환으로서 텍스트를 읽고 쓰는 행위가 필요합니다. 사실 텍스트를 완벽하게 읽고 쓰는 것보다 자기 스스로를 이론적으로 파악하는 것이 먼저입니다. 이를 바탕으로 텍스트를 읽고 쓰는 행위를 효율적으로 잘해 나간다면 "어떻게 써야 할지도 어떻게 읽어야 할지도 모르겠어요."라는 말을 대학원에서 하게 될 일은 없을 겁니다.

신문과 잡지를 읽으면서 실제 일어난 일들과 그 일들에 대한 논평을 연결 지어 보거나 바람직하지 않은 통제와 학교의 일상 사이의 관련성을 탐색하는 노력을 꾸준하게 해 보는 게 좋습니다. 잘 제작된 TV 프로그램을 시청해 보는 것도 좋습니다. 구체적인 실천 사례나 그룹 활동의 일부를 직접 촬영한 영상을 모아 진지하게 제작한 비디오 자료를 보는 것도 좋습니다. 실천에 대한 성찰을 촉진하고 새로운 지식의 생산과 갱신을 돕는 자료라면 자료의 형태를 가릴 필요가 없고 특정한 형태를 배제해서도 안 됩니다.

성찰 훈련을 진행하는 그룹에서 실천을 지나치게 좁은 범위에서 성찰하지 않도록 하기 위해서는 주기적으로 서로 다른 배경과 생각을 가지고 있는 그룹들과 함께 성찰하고 토의하는 시간을 갖는 것이 중요합니다. 하나의 주제를 서로 다른 입장에서 고민하고 논의하면 각 그룹은 모두에게 타당한 관점을 발달시켜 나갈 수 있습니다.

한 가지 좋은 방법은 서로 다른 성찰 훈련 그룹이 각자의 성찰 활동을 영상으로 촬영하여 이를 서로 바꿔 시청하는 것입니다. 그룹 A가 자신들의 그룹 성찰 활동을 녹화한 영상을 그룹 B에게 보내 주고 그룹 B의 영상을 받는 식이지요. 두 그룹은 각기 영상을 본 후 그에 대한 자신들의 생각과 반응을 촬영해 보내 주어도 좋습니다. 이런 식의 활동은 성찰의 질을 비약적으로 높일 수 있습니다.

언젠가 아프리카 적도 지역에 있는 탄자니아에서 인상 깊은 활동을 본 적이 있습니다. 탄자니아 농촌 주민들이 농학자와 함께 다음 해 수확에 대해 토론하는 장면을 한 캐나다인 영화감독이 촬영하여 이 영상을 100 킬로미터 정도 떨어진 다른 농촌 마을 주민들에게 보여 주었습니다. 그리고 그 다른 마을 주민들이 영상을 보며 의견을 나누는 모습 역시 촬영하여 처음에 촬영했던 마을 주민들에게 보여 주었습니다. 전혀 알지 못하는 다른 마을 주민들이 자신들의 토론에 대해 어떤 반응을 보였는지를 확인해 볼 수 있도록 한 것이었습니다.

그 결과, 그 영화감독은 각 마을 공동체 간의 거리를 좁혔고 탄자니아에 관한 지식의 양을 늘렸으며 서로 떨어진 마을 주민들 간의 유대의식을 형성해 주었습니다. 물론 주민들이 자신이 살고 있는 탄자니아의 현실을 보다 냉철하게 바라보고 이해하게 될 가능성도 진작시켰습니다.

그 영화감독이 말하길 이 활동 덕분에 짧은 시간 안에 탄자니아의 많은 부분에 대해, 특히 크게 낙후되어 있는 지역의 문제들에 대해 구체적이고 입체적으로 알 수 있었다고 했습니다.

사회적 약자들의 '순수함'에 의지하여 억압적 권력을 유지하는 사람들에게는 세상을 비판적으로 읽고 이해하자고 촉구하는 일이 언제나 불편하게 느껴질 수밖에 없습니다.

내가 행한 것에 대한 스스로의 평가가 곧 나의 실천입니다. 그리고 그 실천은 이론적으로 설명될 수 있어야 합니다.

Letters to Those Who Dare Teach

열 번째 편지

다시, 규율의 문제에 대하여

학습자들이 교육자들과 협력하며 지적 탐구를 스스로 규율하는 능력을 단련할 필요가 있다는 점에 대해서는 이미 앞서 언급했지요. 자신의 지적 탐구를 스스로 규율할 수 있는 힘을 기르지 않고서는 어느 누구도 지적인 성과를 거두기 어려우며 텍스트를 심도 있게 읽기도, 사려 깊게 글을 쓰기도 어렵습니다. 사실을 관찰하고 분석하거나 사실들 간의 관계성을 파악하기도 쉽지 않을 것입니다. 이 모든 창조적인 활동을 하려면 모험심과 용기가 없어서는 안 되지만 반대로 너무 지나친 모험심과 용기 탓에 아무런 제약도 없이 스스로를 제대로 규율하지 않아 부책임한 행위에 이른다면 이는 바람직하지 않습니다. 다양한 규율이 서로 구분된다는 생각을 버려야 합니다. 지적 규율과, 규칙적인 훈련으로 다듬어지는 신체적 규율, 그리고 윤리적-종교적 규율처럼 서로 다른 성격의 규율이 있다는 생각 말입니다. 물론 목적에 따라 서로 다른 종류의 규율을 내면화할 필요가 있는 때가 있습니다. 하지만 근본적인 부분을 한번 살펴봅시다. 규율이 근본적으로 건전하다면, 그리고 주체가 규율을 잘 이해해 그 규율을 갖춘 채로 삶을 민주적인 방식으로 영위해 나간다면, 또한 필요한 규율을 만드는 주체의 의도가 건강하다면 규율을 단련하고 체득하는 과정은 언제나 일정한 제약과 한계를 접하는 경험일 겁니다. 또한 이 과정은 서로 모순되는 권위와 자유가 함께 작동하는 과정이며, 결코 견고한 윤리적 기초가 배제된 채로는 이루어질 수 없는 과정입니다. 이런 점을 생각하면 저는 권위가 어떻게 규율에 순종하기를 중단할 자유를 간단히 부여해 버리는 불합리한 규율을 윤리성을 결여한 채 강요할 수 있는 것인지 도무지 이해하기 어렵습니다. 그 불합리한 규율을 고귀한 것처럼 여기면서 말입니다.

그런 권위는 자유를 존중한다는 미명으로 사실상 자유를 일축해 버립니다. 자유의 의미를 박제해 버리는 그런 무심한 권위에서는 제대로 된 규율이 나올 수 없습니다.

하지만 권위가 자신의 의지와 선호를 드러내 그것을 최선의 자유로 고정하고 규제하며 사람들로 하여금 위축된 자유를 받아들이거나 그에 단순한 저항을 시도하는 것만이 가능하게 한다면 역시 제대로 된 규율은 있을 수 없습니다. 제대로 된 규율은 이와 다릅니다. 제대로 된 규율은 권위에 필연적으로 내포되어 있는 구속력과 자유를 향한 강력한 탐색 간의 긴장 속에서만 만들어질 수 있습니다. 권위주의의 영향으로 극단적인 성격으로 변질된 권위나 규율을 갖추지 못한 채 역동성을 잃어버린 권위는 모두 진정한 의미의 자유를 포기할 수밖에 없게 위협합니다. 지나치게 비대한 권위는 그 영향력이 워낙 크기 때문에 자유는 그런 권위하에서 제대로 인정받지 못하며 권위에 의해 왜곡되고 무력화됩니다. 폭력적이고 약탈적인 권위에 의해 자유는 사멸되고, 남더라도 진실성이 떨어지는 거짓된 자유로 전락합니다.

진정으로 규율을 갖춘 상태에 이르기 위해서는 소위 진리로 알려지고 정당한 것으로 이야기되는 것에 대해서조차 스스로 "아니요."라고 말할 수 있는 자유가 있어야 합니다. 그리고 실제로 그런 자유를 누릴 수 있는 권리가 보장되어야 합니다. 스스로 무언가를 거부하는 구체적인 경험을 통해 자유롭게 거부하고 자유롭게 부정하는 소양을 습득할 기회가 필요합니다. 또한 자유를 위해서는 자신이 지닌 확신들을 대상으로 하여 판단 준거를 가지고 자유롭게 평가하는 경험이 필요하고 그를 통한 학습도 필요합니다. 자유에 권위가 스며들어 자유가 권위를 갖춘 자유가 되어 가는 과정은 바로 이렇게 이루어집니다. 자유를 존중하는 권위는 이런 과정을 통해 탄생합니다.

우리는 사회적 존재이자 역사적 존재입니다. 또한 주관성을 가지고 있는 존재입니다. 인류 역사의 흐름 속에서 그리고 권위와 자유를 함께 추구하는 모순 속에서 우리의 주관성은 중요한 역할을 해 왔습니다. 이런 존재 조건 속에서 우리가 짊어진 정치적, 사회적, 교육적, 윤리적, 심미적, 과학적 책임은 더할 나위 없이 중요합니다. 정치적 책임을 상기하면서, 소모적이고 정쟁을 일삼는 정치를 극복해야 합니다. 사회적 책임을 강조하면서 순전히 개인적이고 이기적인 관심사에 대해서는 과감히 "아니요."라고 말할 수 있어야 합니다. 교육적 책무를 생각하며 교육학에 대한 환상은 접어둘 수 있어야 합니다. 윤리적인 면에서는 추악한 금욕주의의 나락에 떨어지지 않아야 하며 청빈한 삶의 윤리를 만들어 스스로 헌신할 수 있어야 합니다. 마지막으로 과학적 책임을 감당하면서 과학만능주의에 빠지지 않도록 해야 합니다.

어쩌면 "실존적으로 지쳐 있으며" "역사적으로 마취되어 있는"† 일부 독자는 제가 지나치게 헛된 꿈을 꾸고 있다고 말할지도 모르겠습니다. 맞습니다. 저는 꿈을 꾸고 있습니다. 꿈을 꾸지 않는다면 역사적 존재로 살아갈 수가 없기 때문입니다. 지나친 꿈이라고 생각하십니까? 전혀 그렇지 않습니다! 저는 우리의 삶을 지탱하고 민주주의를 구현하는 데 있어서 제가 말한 꿈들은 오히려 턱없이 부족하다고 생각합니다. 이런 꿈들을 실현하기 위해서는 읽기와 쓰기, 그리고 가르침과 배움의 행위에 있어서 규율을 단련하고 갖추는 일이 필요합니다. 제가 이야기하는 이런 꿈들을 위해서 우리에게는 즐거우면서도 또 한편으로는 고단한 배움의 과정이 필요하고, 공공문제에 관심을 갖고 이를 다뤄 가면서 스스로를 규율해 갈 수 있는 능력이 필요합니다. 아울러 사회적 존재로서 상호존중의 덕목을 실천해 갈 수 있는 규율을 체득하는 일 또한 필요합니다.

"내가 어느 정도 수준으로 가르치는지는 별로 중요하지 않습니다. 국가 차원의 관심사가 있더라도 힘 있는 사람들은 이와 상관없이 오로지 자신의 이익만을 위해서 움직이니, 내가 무엇을 어떻게 가르치고 가르치지 않는지는 큰 의미가 없지요." 교사가 이렇게 말하는 것은 바람직하지 않습니다. 이는 윤리적이지 못한 자기변명에 지나지 않습니다. 그저 자기 내키는 대로 편하게 행동하겠다는 의미밖에 없습니다. 더 나쁘게 말하면, 교사가 이렇게 무기력한 태도를 계속 보이면 결국에는 부끄럼도 없이 비굴하게 행동하는 것에 무감각해지기만 할 뿐입니다. 설령 무기력이 숙명처럼 느껴진다고 하더라도 교사의 무기력한 태도는 불의를 지속시킵니다. 우리를 괴롭히는 고통들을 증폭시키고 나아가 문제의 해결도 더뎌지게 만듭니다.

어느 누구도 민주주의를 어느 날 갑자기 하늘에서 떨어진 횡재처럼 누릴 수 없습니다. 우리 모두는 민주주의를 쟁취하기 위해 싸워야 합니다. 민주적 삶을 어렵게 만드는 여러 구속은 그저 차분히 인내하기만 하면 청산할 수 있는 그런 성격의 대상이 아닙니다. 오직 사람들이 비판적 의식을 높여 끊임없이 연대하고 부딪쳐 이겨 내려는 노력을 해 나감으로써 그 구속은 끊어질 수 있습니다. 특히 브라질이라는 국가가 세워진 이래로 자신이 계속해서 핍박받아 왔음을 느끼며 그 핍박과 차별에 대해 이미 잘 알고 있는 민중계급이야말로 민주주의를 쟁취할 수 있는 주체입니다. 말하자면 민중계급에 속한 사람들은 억눌려 있다는 막연한 느낌에 머무르지 않고 스스로가 그런 상태로 존재하는 그 '존재 이유'를 분명히 인식하는 계기가 될 지식을 갖춰 나감으로써 주체로 거듭나게 됩니다.

하지만 존재 이유를 감각하는 계기와 그러한 계기에 대한 비판적인 이해에 있어서 직관적인 감각이나, 감정, 그리고 인지적 성찰은 서로 분리될 수 있는 것이 아님을 기억해 주시면 좋겠습니다. 이미 언급했던 것처럼 우리는 느낌, 감정, 그리고 비판적 생각이 서로 명확히 구분되는 존재가 아니라 이 모두가 일제히 동원되는 총체적 자아로서 앎을 행하는 그런 존재이기 때문입니다.

행동하고 있는 민중, 조직화를 하고 있는 민중, 비판적 의식을 가지고 있는 민중, 권위주의에 대항하여 민주적 태도와 소양을 심화하고

---

† [원주] "실존적으로 지쳐 있으며", "역사적으로 마취되어 있는"이라는 구문은 저의 다른 책 *Pedagogy of Hope: A Return to the Pedagogy of the Oppressed* (Rio de Janeiro: Paz e Terra, 1992) 를 참조하기 바랍니다. (국내에 『희망의 페다고지(강성훈, 문혜림 역, 2020)』로 번역되어 있다. 역자 주)

굳게 다져 가고 있는 민중들 모두는 분명히 필수적 규율을 단련해 나가는 그 과정을 겪어 내고 있습니다. 규율을 갖추지 않고서는 민주주의가 제대로 작동할 수 없습니다. 오늘날 브라질에서는 자유가 허용되지 않아서 규율을 발휘하지 못하는 상황과, 권위가 제대로 서 있지 않아서 규율이 작동되지 않는 모습이 계속해서 번갈아 나타나고 있습니다.

사실 아직까지 우리는 가정에서도, 학교에서도, 거리에서도, 그리고 대중교통을 이용하는 상황에서도 필요한 규율을 충분히 갖추고 있지 못합니다. 순전히 규율 부족으로 인해 주말만 되면 수많은 사건 사고와 사망자가 발생하지요. 이런 사건 사고로 생겨나는 낭비와 환경적 재난은 정말 놀랄 만한 수준입니다.

타인을 충분히 존중하지 않는 현상이 계속해서 나타나는 것은 규율이 제대로 체득되지 않은 것과 마찬가지로 좋지 않은 징조입니다. 타인을 존중하지 않는다는 사실은 준법의식의 결여 상태, 즉 이 땅에서 사람들이 희생되는 일이 여러 가지 이유로 계속되고 있지만 그에 대해 아무도 책임지지 않으며 어떤 처벌이나 제재도 가해지지 않는 그런 상태가 계속될 것임을 의미합니다.

자본주의 체제에 억눌린 채 착취당하는 민중계급은 사회적 규율, 정치적 규율, 시민으로서의 규율을 갖춰 나가야 합니다. 아울러 자신의 지적 역량을 배가하는 규율을 형성하기 위해 계속 노력해야 합니다. 이러한 규율은 순전한 부르주아식 자유민주주의를 넘어 마침내 자본주의에 내재되어 있는 불의와 무책임을 극복한 민주주의를 실현하는 데 절대적으로 필요한 핵심요소입니다.

규율을 단련하여 갖추고자 하는 일련의 노력은 우리 모두가 최선을 다해야 할 과제입니다. 규율을 단련하는 과정은 학습자에게 지식을 전수해 주는 행위가 교육이라는 그런 생각으로 가르쳐서 될 일이 아닙니다. 이는 교육에 대한 잘못된 관점입니다.

분명히, 교사는 가르쳐야 합니다. 가르침은 꼭 필요합니다. 그러나 가르침이란 지식을 전달하는 행위가 아닙니다. 가르치는 교사의 행위가 지식 전달과 같은 식으로 왜곡되지 않으려면 학습자들이 지식을 생산할 수 있는 바탕을 터득할 수 있게 하는 활동을 먼저 진행해야 합니다. 혹은 이를 병행해야 합니다.

학습자를 생각하는 주체로 본다면, 즉 이들 역시도 교사처럼 스스로 생각하는 주체적 존재라고 본다면 교육 장면에서 학습자는 학습 대상과 내용에 대한 의미와 지식을 독자적으로 구성하고 생산하는 능동적 역할을 충분히 해낼 수 있다고 보아야 합니다. 이런 논리에 따르면 가르침과 배움은 앎의 과정인 동시에 앎을 갱신해 나가는 과정입니다. 다시 말하면 학습자와 교육자는 자신이 몰랐던 것들을 점차 알아 나가며 자신이 알고 있던 것들은 새롭게 수정하고 보완해 갈 수 있습니다.

가르침과 배움을 이런 식으로 이해하고 실천하기 위해서 우리는 지금까지 이야기했던 그런 규율을 갖추어야 합니다. 그리고 그 규율은 시민성을 형성하는 데 핵심이 되는 정치적 규율과 별개라고 할 수 없습니다. 그렇습니다. 시민성은, 특히 다른 무엇보다도 권위가 지배하며 인종, 성별, 계층에 따른 차별이 고착화되어 버린 지금 우리 사회에 있어서 시민성은 하나의 정치적 산물이자 만들어 내야만 하는 일종의 결과물입니다. 시민성은 모두에게 인정되는 권리이자 평화적인 권리입니다. 그렇기 때문에 다양한 차별로 고통을 받는 사람은 시민성을 충분히 발휘하지 못하고 있는 셈입니다. 민주주의는 누구에게나 권리로서 계발되어야 할 시민성을 갖추기 위해 애쓰는 사람들에 의해서 실질적으로 성장할 수 있습니다. 시민성은 수많은 자유의 가능성을 내포합니다. 시민성은 일할 자유, 먹을 자유, 옷 입을 자유, 신발 신을 자유, 집에서 잠잘 자유, 자신과 가족을 돌볼 자유, 사랑할 자유, 화를 낼 자유, 슬플 자유, 저항할 자유, 후원할 자유, 거동의 자유, 종교나 정당에 참여할 자유, 자신과 가족을 교육할 자유, 어떤 바다에서든지 수영할 자유 등을 인정하고 인정받는 것입니다. 시민성은 우연히 얻어지는 것이 아닙니다. 시민성은 부단한 노력과 투쟁의 과정 속에서 만들어지는 산물입니다. 시민성은 헌신뿐만 아니라 명확한 정치적 태도와 일관성, 그리고 결단력을 필요로 합니다. 이런 이유 때문에 제대로 된 민주주의 교육은 시민교육과 절대로 분리되어 이루어질 수 없습니다.

학생들의 피부색이나 성별, 계층에 상관없이 모든 학생을 존중하면 할수록 교사는 학생들에게 보다 많은 민주적 경험을 제공하게 될 것입니다. 교사가 일상과 학교에서 맺는 수많은 관계 속에서, 가령 동료 교사들이나 건물관리인들, 요리사들, 안전지킴이들, 그리고 학생들의 부모들에게 존중의 의사를 더 자주 분명히 표현할수록 교사는 이들 모두에게 민주적 경험을 제공하는 데 더 많이 기여하게 될 것입니다. 그리고 우리가 말하는 내용과 실제 행동의 차이를 줄여 나가면 나갈수록 민주적 경험을 제공하는 과정에서 더 큰 역할을 하는 존재가 될 것입니다. 우리는 스스로의 시민성을 더욱 발달시켜 나갈 수 있도록 계속해서 도전하고 투쟁해 가야 합니다. 그리고 우리는 지적 탐구와 성찰을 수행해 나가기 위한 규율을 끊임없이 숙련해야 합니다. 왜냐하면 이러한 지적 규율을 갖추지 않고서는 효과적인 교사 연수뿐만 아니라 시민성 형성을 위한 투쟁에 필수적인 정치적 규율을 갖추기 어렵기 때문입니다.

맺는 글

안다는 것 그리고 성장한다는 것
: 아직 보지 못한 모든 것에 대하여

1992년 4월 헤시피에서 열렸던 한 회의에서 일상의 구체적인 상황과 조건에 대한 몇 가지 분석을 발표한 적이 있는데 그때 다루었던 주요 내용을 소개하면서 이 책을 마무리하고자 합니다.

저는 회의 조직위원회로부터 "안다는 것 그리고 성장한다는 것: 아직 보지 못한 모든 것에 대하여"라는 표현이 함축하고 있는 핵심 주제에 대해 제가 가지고 있는 생각과 통찰을 발표해 달라는 부탁을 받았습니다.

그 표현을 적어 두고 제가 가지고 있는 분석능력과 호기심을 발휘해 보기 시작했습니다. 이 표현이 담고 있는 의미를 이해하기 위해서는 먼저 이 표현을 구성하고 있는 각 단어를 면밀히 이해할 필요가 있다는 생각을 했습니다. 그리고 각 단어의 관계에 대해 고민해 볼 필요가 있다고 생각했습니다.

"안다는 것 그리고 성장한다는 것"과 "아직 보지 못한 모든 것에 대하여"라는 두 덩어리의 문구가 있지요. 첫 번째 문구에서 "안다는 것"
와 "성장한다는 것"은 서로를 대등하게 연결하는 접속사로 연결되어
있는데 이들 각각은 '지식'과 '성장'이라는 명사로 치환해 볼 수 있습니
다. 사실 이 두 덩어리가 이어져 있다는 사실 자체가 앎의 과정과 성장
의 과정이 상당히 많은 부분에 있어서 서로 밀접하게 연관되어 있음
을 시사하고 있습니다. 혹은 이 두 과정이 동일한 과정이라는 의미로,
즉 앎의 과정이 곧 성장의 과정이라는 의미로 읽을 수도 있습니다. 성
장하지 않으면서 앎을 키워 간다는 것은 불가능합니다. 뒤집어서, 지
식을 갖추지 않으면서 성장한다는 것도 불가능합니다.

안다는 것은 타동사입니다. 누군가의 행위를 설명하는 동사이자 특
히 목적어를 수반하는 동사입니다. 그래서 타동사의 의미를 보완하는
단어를 '직접 목적어'라고 하지요. 가령 '그 사람은 안다.'라는 표현이
있을 수 있지만 그래도 이 표현은 그 사람이 아는 어떤 대상이 존재한
다는 의미를 내포하고 있습니다. '오직 나만이 나를 괴롭히는 고통을
안다.'라는 문장에서 고통이 '내가 안다'의 직접 목적어로서 안다는 행
위의 대상인 것처럼 말입니다.

이와 반대로 성장한다는 것은 자동사입니다. 자동사는 그 의미를 분
명하게 하기 위해 목적어와 같은 보충적인 단어를 굳이 필요로 하지
않습니다. 그래서 보통은 동사가 어떤 의미인지 구체적으로 드러내기
위하여 자동사에 상황적 요소나 맥락적 의미를 한정하는 부사를 결합
시킵니다. 예컨대 '나는 힘들게 자랐다.' 혹은 '나는 늘 호기심을 잃지
않으면서 자랐다.'라는 식의 구문을 통해 내가 자란 과정의 양상을 구
체적으로 덧붙여 표현합니다.

이제 앎의 과정에 대해 좀 더 집중해 보도록 하지요.

우리가 핵심적인 현상으로 간주하는 앎의 과정은 삶 속에서 이루어집니다. 앎이란 우리가 접하는 물리적 조건을 바탕으로 역사적으로 생성되는 인간의 실존 상황에 국한해서만 이루어지는 게 아닙니다. 앎을 통해 지식을 얻게 되면 그 지식은 지금 이곳에서 살아가고 있는 우리 자신을 보다 성숙시키는 계기로 작용합니다. 이런 지식은 인간 이외의 생명체가 환경에 대해 보이는 반응과는 다른 차원의 것입니다.

지식이란 도대체 무엇인가라는 물음에 대해서 가장 먼저 덧붙일 수 있는 말은 인간의 앎이란 기본적으로 사회적 과정이기는 하나 앎을 통해 지식을 만들어가는 주체의 개인적 차원을 결코 간과할 수 없다는 것입니다.

앎이란 의식하는 자아가 총체적으로 개입하는 과정입니다. 즉 감정, 정서, 기억, 지적 호기심, 열망 등이 모두 함께 결부되는 과정입니다. 또한 앎의 주체인 나 자신뿐만 아니라 사고하는 다른 주체들이 이 앎의 과정에 개입합니다. 호기심을 갖고 앎을 추구해 가는 타인들의 존재와 역할이 이러한 앎의 과정에 개입한다는 말입니다. 그렇기 때문에 '사고'라는 개념은 단순히 '사고하는 주체와 대상' 간의 관계에만 국한해서는 설명할 수 없습니다. 왜냐하면 사고는 다른 사고의 주체, 즉 타인들과의 관계까지 포괄하는 가운데 이루어지기 때문입니다.

앎에 있어서 흥미롭게 주목할 만한 또 다른 측면이 있습니다. 바로 우리의 일상적인 행동 중에서 그 행동 자체를 별달리 의식하지 않은 채 하는 행동들† 입니다. 의식하지 않은 채 하는 일상적인 행동은 우

---

† [원주] 이 부분에 대해서는 Karel Kosik(카렐 코지크), *Dialectic of the Concrete* (Rio de Janeiro: Paz e Terra, 1976)을 참조하기 바랍니다.(국내에 『구체성의 변증법(박정호 역, 2014)』으로 번역되어 있다. 역자 주)

리가 이미 알고 있는 바와 지각한 것들의 영향을 받기 마련입니다. 즉 진중하게 생각하지 않고도 편하게 하는 통상적인 행동은 우리가 살아가는 세상, 우리가 접하는 수많은 대상, 우리 자신의 존재방식, 그리고 우리의 행동에 대한 타인의 반응에 영향을 받습니다. 그리고 이러한 것들에 비추어 우리의 행동을 인식할 수 있습니다. 의식하지 않으며 일상적으로 하는 행동들을 통하여 우리는 사물과 사실을 지각하며, 우리 자신의 처신에 대해서 일종의 경각심을 가지기도 합니다. 이런 행동은 결국 이미 우리가 익숙하게 내면화한 수많은 의미들을 토대로 한 행동입니다. 의식하지 않은 채 해 나가는 행동들을 통해 우리는 그 행동이 이루어지는 구체적인 상황과 관련된 지식을 얻곤 하지만 우리 존재의 근본적인 이유에 대해서는 터득하지 못합니다. 세상을 살아가며 우리가 의식하지 않은 채 지니게 되는 마음이나 생각을 통해서는 의식적인 인식을 할 수가 없습니다. 다시 말하면 이런 마음에서는 우리가 주목하는 대상에 대한 비판적인 태도, 문제를 제기하는 태도, 충분히 숙련된 태도가 나오기 어렵습니다. 카모에스(Camoes)의 표현을 빌면 이는 "경험을 통한 지식"으로서 비판적 사고가 개입하지 않는 마음가짐입니다. 이는 가공이나 처리가 되지 않은 순수한 지식이자 지극히 상식적인 수준의 지식이며, 체계적인 방법과 절차가 결여되어 대상에 대한 이해와 분석이 미흡한 지식입니다. 그렇다고 하더라도 이렇게 의식하지 않은 채 이루어지는 일상적 행동을 앎의 과정에서 간과해서는 안 됩니다. 이러한 행동을 중요하게 생각해 보면 앎에 대한 이해를 확장해 갈 출발점을 찾을 수 있기 때문입니다.

　매일 반복되는 평범한 아침 시간에 관심을 기울여 분석해 보도록 합시다. 이는 아마도 우리가 별다른 의식 없이 행동하는 경우와 매사에 대해 신중하게 따져 보는 경우가 어떻게 다른지를 살펴보는 데에 있어서 꽤 흥미로운 작업일 겁니다.

우리는 아침에 침대에서 뒤척이다가 일어납니다. 양치와 샤워를 하고 아침 식사를 합니다. 그러면서 아내 혹은 남편과 이야기를 나눕니다. 신문을 보면서 밤사이에 있었던 새로운 소식들을 알게 됩니다. 집을 나서서 거리를 걸으며 오고가는 이웃들과 마주칩니다. 길을 건너기 전에 신호등을 보고 멈춰 섭니다. 어릴 때 배운 대로 초록색 불이 들어올 때까지 기다립니다. 이렇게 양치질을 하는 것부터 해서 샤워를 하고 커피를 마시고 신호등 빨간불에 멈춰 서는 것에 이르기까지 우리는 이런 행동을 할 때 평소와 다른 특별한 상황이 벌어지지 않는 한 그 행동 자체를 향해 의문을 품지 않습니다. 다시 말하면 이런 일은 이미 우리에게 너무나도 익숙한 것들이기 때문에 우리는 일상 속에서 별다른 의심 없이 '거리'를 걷고 '인도'를 걷습니다. 이런 평범한 일상 속에서 우리의 마음과 생각은 깊이 의식을 하거나 성찰을 하지 않습니다.

지극히 평범한 일상적인 아침에 대해 좀 더 깊이 분석하다 보면 아침 상황에 대해 특별한 관심과 호기심이 필요하기 때문에 그 평범한 일상을 한발 벗어나 바라볼 필요가 있습니다. 매일 반복되는 아침 일과로부터 벗어나기 위해서는 일상으로부터 '우리 자신을 거리 두게 하는 것'이 불가피하다는 말입니다. 흥미로운 것은 이렇게 일상으로부터 '거리를 둠'으로써 우리는 일상에 '좀 더 가까이 다가갈 수' 있다는 사실입니다. 말하자면 대상으로부터 '거리를 두는' 일은 보다 깊은 성찰을 할 수 있도록 대상에 '다가서는' 일입니다. 오직 이런 방법으로만 우리는 대상에 '주목'할 수 있습니다. 여기에서는 우리의 일상적인 아침 상황이 바로 그 대상이었던 셈입니다.

일상에 대해 크게 의식하지 않으면서 행동하는 상황, 그리고 이에 거리를 두고 성찰하며 행동하는 상황이라는 이 두 가지 상황에서 '의식하는 자아'가 서로 다르다는 점을 확인할 수 있을 겁니다. 첫 번째 상황에서 나는 내가 아침에 행동한 사실을 그대로 수긍하고 받아들입니다. 반면 두 번째 상황에서 나는 자신이 아침에 행동한 바를 설명하는 주체가 됩니다. 첫 번째 상황에서 나의 의식하는 자아는 있었던 사실과 실제로 행동한 바를 있는 그대로 인정하며 이 과정에서 자신이 '그렇게 행동한 이유'에 대해서는 굳이 고민하지 않습니다. 다시 이야기합니다만 이런 상황에서도 앎은 이루어지는데 이때 이루어지는 앎은 말 그대로 순수한 경험으로부터 얻어지는 앎입니다. 하지만 의식적인 성찰과 체계적인 분석을 시도하는 두 번째 상황에서 나는 '거리를 두는 자아'의 모습으로 대상에 다가섭니다. 대상을 객관화하여 바라보게 된다는 말입니다. 이 차이가 다른 성격의 앎을 낳습니다. 보다 세밀하고 정교한 앎을 가능하게 함으로써 탐구하는 사람 또는 사고의 주체로 하여금 확실함을 추구할 여지를 가지게 해 줍니다. 이 여지는 상식적 수준의 앎이라고 할 수 있는 첫 번째 유형의 앎에서는 찾아보기 어렵습니다.

하지만 이렇게 구분한다고 해서 직접적 경험을 통한 순수한 앎을 무시해도 된다는 것은 결코 아닙니다. 두 번째 유형의 앎은 직접적인 경험을 존중하며 형성된 것이기 때문입니다.

이러한 두 가지 유형의 앎에 대한 논의는 사실, 상호 모순적으로 인식되는 실천과 이론 사이의 논쟁으로 연결해 볼 수 있습니다. 이 둘은 결코 분리될 수 없습니다. 오직 이론만 있을 수는 없으며 오직 실천만 있을 수도 없습니다. 따라서 이론과 실천을 서로 배척하는 모순적인 관계로 이해하는 분파적이며 정치적인 이데올로기의 입장은 잘못된 것이라고 할 수 있습니다. 반(反)지성주의는 이론의 타당성을 인정하지 않고 이론적 엘리트주의는 실천의 타당성을 인정하지 않습니다. 하지만 모종의 대상에 대한 정확한 이해란 어느 한쪽에 치우는 것을 용인하지 않는 태도를 통해 도달할 수 있습니다. 반(反)지성주의나 엘리트주의 중 어느 한쪽으로도 기울어지지 않아야 합니다. 이론과 실천은 서로가 서로를 분명히 밝혀 주는 역할을 합니다.

이제 '성장'에 대해 좀 더 생각해 보도록 합시다. '성장'을 우리가 부단히 추구해야 할 대상이자 호기심을 갖고 성찰하고 검토해 볼 대상으로 생각해 봅시다. 사회적으로 개인적으로 성장한다는 단순한 어떤 느낌이나 인식 수준 정도로 논의하기보다는 성장의 개념과 그 구성 요소에 어떤 급진적인 의미가 있는지에 대해 탐색해 보도록 합시다. 길을 건너기 위해 신호등에 초록색 불이 들어오길 기다리는 것처럼 늘 그렇게 아무런 의심의 여지없이 우리 앞에 펼쳐지는 '다양한 사람과 다양한 일에 부딪히는' 일상으로부터 벗어나 성장의 경험을 맛보도록 합시다. 호기심 가득한 마음가짐을 가지고 일상으로부터 거리를 두고 성장에 대해 고민을 해 보도록 합시다.

성장의 개념을 처음 접하는 순간 우리는 성장이란 것이 한 주체에서 역동적으로 이루어지는 중요한 현상이란 점을 알고 있을 겁니다. 성장이 이루어지지 않는다는 것은 어딘가 아프다는 것과 마찬가지이며 죽음의 상태에 이른 것이라고도 할 수 있습니다.

우리 삶에 있어서 성장은 중요한 경험입니다. 보다 정확하게 말하면 오랜 역사 속에서 사람들은 삶이 제공하는 다양한 물질적 혜택을 활용해 성장함으로써 언어, 문화적 상징, 역사와 같은 자신의 실존을 지탱해 올 수 있었습니다. 그렇기 때문에 우리들의 '성장'은 단순히 생명의 지속이라는 의미를 넘어서는 현상입니다. 우리 인간이 성장하는 모습은 다른 동식물이 성장하는 모습과 구별됩니다. 다른 동식물은 자신의 성장 과정에 대해 깊이 생각하거나 그 과정에서 어떤 의도를 가질 수 없습니다. 하지만 인간에게 성장이란 자신이 스스로 직접 개입할 수 있는 과정입니다. 다른 종들에게서는 찾아볼 수 없는 이런 독특한 특징이야말로 바로 인간의 성장을 다른 종의 성장과 구별 짓습니다. 우리는 분명히 프로그램화된 존재이기는 하지만 결코 모든 것이 사전에 결정지어진 존재는 아닙니다. 그리고 무엇보다도 프랑수아 자코브가 지적한 것처럼 끊임없이 학습을 하도록 프로그램화된 존재입니다.†

이런 성장의 개념에 대해서는 제가 헤시피 회의에서 발표한 원고에도 언급해 두었습니다. 인간의 성장은 나무가 자란다거나 저희 집에 태어난 독일 셰퍼드 강아지인 안드라와 짐이 커가는 것과는 다른 차원의 문제입니다.

분명 우리는 단순히 살아가는 것 이상의 의미를 갖는 실존 상태를, 혹은 적어도 삶과 비등한 의미를 갖춘 자신의 실존 상태를 만들어 갈 수 있습니다. 그렇기 때문에 우리의 성장은 엄밀히 표현하자면 다른 동식물들의 성장에 비하여 훨씬 더 복잡하고 난해한 과정이라고 할 수 있습니다.

인간의 성장에 관한 비판적 이해의 출발점은 바로 우리 자신의 실존입니다. 실존이 중요한 까닭은 바로 우리가 부단히 '학습하도록 프로그램화된 존재'로서 생득적 요소와 획득적 요소를 함께 겪으며 살아가기 때문입니다. 우리는 유전적 존재인 동시에 문화적 존재입니다. 우리는 자연적 본성만을 가지고 살아가는 존재가 아닐 뿐더러 문화, 교육, 생각에만 의존해서 살아가는 존재도 아닙니다. 우리의 성장은 생물학적 요인, 심리적 요인을 비롯하여 문화, 역사, 교육, 정치, 미학, 그리고 윤리 등의 고른 영향 속에서 이루어지는 현상입니다.

이렇듯 우리는 '인간으로서의 모든 요소가 조화롭게 성장하는 존재'입니다. 우리는 전인적인 존재로서 성장해 나갑니다. 하지만 우리는 우리 자신이 열망하는 이런 조화롭게 성장하는 존재이기 위해 갖춰야 하는 투쟁적인 태도와 투쟁적인 성향을 잊는 때가 많습니다.

우리는 유기체로서 발달과정의 핵심인 신체적 성장이 정상적으로 이루어지길 열망해야 합니다. 우리는 바르게 균형 잡힌 정서적 성장이 이루어지길 열망해야 합니다. 우리는 정부의 지원과 관리가 양적인 면에서 그리고 질적인 면에서 온전한 교육기회들을 통해 지적인 성장이 이루어지길 열망해야 합니다. 우리는 고상하고 품위 있는 독자적인 존재로 성장하길 열망해야 합니다. 우리는 이 지구상에서 함께 살아가는 사람들의 전인적 성장을 방해하는 장애물들을 이겨 내기 위해서, 특히 제3세계 국가에서 더욱 심각하게 작용하고 있는 이런 장애물들을 넘어서기 위해서 서로에 대한 존중을 바탕으로 함께 성장하길 열망해야 합니다.

중립적 국제기구인 세계은행(World Bank)과 유니세프(UNICEF)에서 매우 의미심장한 통계자료를 발표했습니다. 1990년과 1991년에 연속

---

† [원주] François Jacob, Nous sommes programmé mais pour apprendre(우리는 학습하도록 프로그램화되어 있다), *Le Courrier de L'UNESCO*(February 1991).

해서 발표된 이들 기구의 보고서에는 제3세계 국가들에 유아사망률이 높으며, 체계적 교육기회가 부족하고, 홍역과 백일해와 영양실조 등으로 사망하는 아이들이 1억 6천만 명에 육박한다는 비참한 실상이 숨김없이 드러나 있었습니다. 유니세프는 1990년대의 이런 모든 재난을 막는 데에 소요되는 비용이 어느 정도인지를 연구했고 연간 약 25억 달러 정도를 예상하고 있었습니다. 이 금액은 놀랍게도 북미 지역에서 담배를 생산하고 판매하는 데 투자하는 비용과 거의 비슷합니다.

앎과 성장은 모든 면에서 밀접하게 연결되어 있습니다. 하지만 지배권력을 차지하고 있는 소수의 앎이 다수 민중의 성장을 가로막거나, 질식시키거나, 그 성장의 싹을 도려내는 일로 연결되어서는 절대로 안 됩니다.

역자 후기

역자 후기

『프레이리의 교사론: 기꺼이 가르치려는 이들에게 보내는 편지』는 "Teachers as cultural workers : Letters to those who dare teach"라는 원제를 번역한 것이다. 원서의 중심 제목을 그대로 번역하면 '문화적 노동자로서 교사' 정도가 될 수 있겠다. 하지만 문화적 노동자라는 생소한 표현 때문에 이런 식의 제목은 프레이리가 강조하는 핵심을 독자들에게 전하는 데 다소 아쉬움이 있다. '문화적 노동자'란 무엇을 하는 사람을 말하는가? '문화 노동'이란 무엇인가? 이런 물음들이 책 내용을 이해하는 데 부담으로 다가올 수 있기 때문이다. 하지만 다행스럽게 역자가 보기에는 이 책을 접하는 독자가 이런 개념들을 분명히 알고 있지 않다고 하더라도 책의 내용을 읽어가는 데에는 큰 어려움이 없을 것 같다. 왜냐하면 이 책은 이들 개념 자체를 설명하거나 이들 개념들을 중심으로 교사의 역할을 해명하고자 하는 책이 아니기 때문이다.

『프레이리의 교사론: 기꺼이 가르치려는 이들에게 보내는 편지』는 교사들에게, 나아가서 우리 사회 여러 분야에서 교육자로 활동하는 사람들에게 교육의 궁극적인 목적이 무엇이며, 그 지향점에 다다르기 위해서 교육자로서 각자 어떤 역할을 해야 하는지, 어떤 소양을 길러야 할지에 대해서 되돌아볼 수 있는 기회를 제공한다. 프레이리는 이 책에 실린 10편의 편지와 시작하는 글, 그리고 맺는 글을 통하여 교사란 단순히 모종의 지식이나 기술을 체계적으로, 과학적으로 잘 가르치는 존재를 넘어 학생들의 경제적, 정치적, 문화적 상황들을 이해하고 사랑함으로써 학생들의 삶 전체를 궁극적으로 챙길 수 있는 안목을 갖고 실천하는 존재임을 부각한다.

우리나라의 상황에서 보았을 때, 교사를 양성하는 교·사대 교육과정은 학교 현장에서 실제적으로 교사에게 기대되는 역할들을 전문적으로 수행할 수 있는 역량을 계발하는 것에 초점을 맞추고 있는 실정이다. 아직까지 우리의 교원양성 및 재교육 과정은 수업, 생활지도, 학급운영, 그리고 각종 행정 업무처리 등을 효과적으로 감당할 수 있는 교사를 기른다는 기능적 성격이 강한 편이다. 반면 교육의 목적, 본질, 가치 등에 대한 교사 스스로의 근본적인 성찰 계기를 마련해 주거나, 교육현장에서 자신의 교육 실천에 대한 반성 및 개선을 주도적으로 추구해 갈 수 있는 교사로서의 역량에 대한 관심은 그 중요성에 비해 부족한 편이다. 결국 현재의 교원양성 및 재교육의 맥락 속에서 좋은 교사란 체계적인 교육이론, 교육방법, 교과지식 등에 대한 전문적인 능력을 계발함으로써 학교교육의 기본적 장에서 발생하는 다양한 실제 요구에 효과적으로 대응하고 성과를 창출하는 사람인 것이다. 이런 상황에서 프레이리의 논의는 기능적 전문성의 계발에 대한 관심을 전환하여 사람에 대한, 사람을 위한, 사람의 성장을 돕는 교육행위의 근원적 가치를 추구할 수 있는 교사의 양성 및 재교육에 주목할 것을 촉구한다. 문화적 노동자로서 교사란 학생들이 가지고 있는 문화적 배경과 특성에 대한 감수성을 바탕으로 이들을 인정하고 계발해 가도록 돕는 존재이기 때문이다. 이는 교사가 학생의 고유한 생활양식, 문화적 배경, 혹은 삶의 맥락에 대해서 관심을 기울이는 일과 직결되며 교사의 기능적 숙련 수준과 전문적 지식의 보유 정도를 넘어서는 일이다.

문화적 노동자로서의 교사에 대한 프레이리의 강조는 문화 재생산의 관점에서 교육을 비판하고 대응하는 작업과 밀접한 관련성을 갖는다. 사람들은 나름대로의 문화적 배경과 특성을 가지고 있다. 이러한 문화적 배경과 특성은 세상에 태어나서 성장하는 가운데 접한 다양한 사회적 경험들을 통해서 형성된 것들이며 이는 곧 일상생활 중의 언어, 행동, 사고방식, 가치관 등에 반영되어 드러난다. 프랑스의 사회학자 피에르 부르디외(Pierre Bourdieu)는 아비투스(habitus) 개념을 동원하여 개인의 문화적 취향이 특정한 사회구조와 환경 속에서 구조적으로 형성된다는 점을 강조하였다. 즉, 계급, 계층에 따라 서로 다른 사회적 지위, 권력, 환경 속에서 살아가는 개개인들은 서로 다른 아비투스를, 쉽게 말하자면 자신이 속한 사회계층에 따라 구별되는 문화적 취향을 가지게 된다. 교육이 문화 재생산 기능을 한다고 주장하는 사람들은 다양한 문화가 존재하는 상황 속에서 교육이 사회 지배계급이 인정하고 향유하는 문화에만 주목하여 가르친다고 본다. 그리고 교육은, 특히 학교교육은 특정 계층의 문화적 가치들을 보편적인 것으로 위장하는 과정을 정당화하여 기존의 사회 질서의 모순을 희석시킨다고 강조한다. 결국 학교교육은 특정 문화에 주목하여 이를 세력화하는 가치 편향적인 성격을 갖는다.

　이렇듯 학교교육이 특정계층의 문화에만 치중하고 이를 은밀히 정당화하는 과정을 극복하기 위해서는 학교에서 다루는 교육과정이 내포하고 있는 문화적 가치의 편향성을 간파하는 것이 필요하다. 그럼으로써 학교교육에서 당연하게 여겼던 문화적 가치나 특성 역시 다양한 가치들 가운데 하나라는 점을 인식하고, 나아가 그동안 간과되고 배제되어 왔던 문화적 가치나 특성을 부각하여 교육의 장면에서 충분히 다루어지도록 해야 한다.『프레이리의 교사론: 기꺼이 가르치려는 이들에게 보내는 편지』는 이러한 교육의 문제에 대처하기 위해서 교사, 나아가 교육자 역할을 하는 사람이 주목할 것이 무엇인지를 전하는 프레이리의 목소리를 담고 있다. 프레이리가 강조하는 교사란 문화적 재생산 기능을 담당하는 교육이 아닌, 학생들이 가지고 있는 문화적 배경과 가치를 존중함으로써 학생 하나하나의 삶을 부정하지 않는 교육을 실천하는 사람이다. 교사는 학생 하나하나의 삶에 대한 현실적이고 구체적인 이해 없이 그저 온정적인 태도로 학생들을 돌보는 사람이 아니다. 교사란 무엇보다도 학생들이 살아가는 구체적인 현실에 대한 명확한 이해를 가지고 있어야 한다. 이 책에서 프레이리가 요청하는 교사가 갖추어야 할 소양들 – 인간에 대한 사랑, 겸손, 관용, 정의, 비판적 사고, 계급의식, 그리고 스스로 정치적 존재라는 자각 등 – 이 필요한 이유도 바로 이러한 교사의 역할, 다시 말하면 문화적 노동자로서 교사의 역할 때문이다.

　『프레이리의 교사론: 기꺼이 가르치려는 이들에게 보내는 편지』가 나오기까지 먼저 오랜 시간 성심껏 애써 준 오트르랩 한아정 편집자에게 감사의 인사를 전하고 싶다. 사실 역자는 평소 프레이리에 대해 자주 이야기하며 수업을 했으나 프레이리의 저작을 번역하는 일은 감히 엄두를 내지 못하고 있었다. 그런 역자에게 어느 날 연락하여 이 책의 번역을 믿고 맡겨 준 사람이 바로 편집자이다. 그리고 실제 번역을 진행하는 가운데 역자의 표현이나 번역내용의 적절성까지 함께 점검하며 사실상 공동 번역자의 역할까지 해 준 것도 편집자였다. 그러니 이 역서가 우리나라 독자들에게 읽힐 수 있게 된 데는 누구보다 편집자의 공헌이 컸음을 부정할 수 없다.

번역을 하는 사람이 갖는 몫은 언제나 원저자의 의도를 온전히 전하는 역할을 하는 것이다. 번역서란 번역을 하는 사람이 평소 가지고 있던 생각이나 의견을 원저자의 표현을 빌어서 피력하는 수단이 아니다. 그렇기 때문에 역자는 프레이리가 교사들에게 전하려는 메시지를 우리나라 독자들이 각자의 상황 속에서 잘 받아들일 수 있도록 최대한 담아내어 전달하는 그릇과 같은 역할을 하고자 노력했다. 아무쪼록 이 책을 통해 전하는 프레이리의 목소리가 우리의 교육 현장에서 인간성을 지켜가는 길을 안내하는 하나의 길잡이가 되길 소망한다.

2020년 6월
역자 김한별

Letters to Those Who Dare Teach